PAOLO EUSEBI

DEL VINO E DEI SUOI POETI

D'acqua sotto i ponti
ce n'è passata
tanta
ma pure de vi'
sopra

INTRODUZIONE

Iniziando a porre mano alla presente ricerca ho subito dovuto affrontare le inevitabili domande sui motivi e le finalità e ho trovato molto utile seguire, se non totalmente almeno in larga parte, alcuni suggerimenti di Umberto Eco che, nel suo saggio del 1977 "*Come si fa una tesi di laurea*", raccomandava di porre particolare attenzione alla fase "preparatoria" della Tesi, e in particolare, dopo aver deciso il titolo e aver buttato giù una prima stesura di piano di lavoro, di affrontare subito l'ostacolo dell'introduzione (seppure solo abbozzata) in quanto essa non è altro - in un certo senso - che il commento analitico *dell' indice o sommario,* che consente al laureando di fissare le idee sulla direttrice del lavoro da effettuare.

Il motivo, molto convincente, di un tale procedere è quello di inquadrare ed illustrare (più o meno sinteticamente) prima di tutto a se stesso e poi all'eventuale lettore che cosa si intende fare, cosa si intende dimostrare e, in definitiva, qual è l'oggetto della trattazione.

D'altra parte mi è risultato quasi inevitabile seguire questo suggerimento non fosse altro perché, appena presa questa decisione, mi sono trovato subito ad affrontare - appunto - il centro del problema: nel mio caso qual è l'oggetto della tesi? Il vino o la poesia? Il prodotto della terra o quello dei suoi cantori?

Se l'oggetto della ricerca è senz'altro costituito dalla

poesia e dai poeti del vino, è altrettanto vero che non è ipotizzabile pensare di affrontare gli immortali versi di un Alceo, di un Anacreonte, di un Orazio, di un Omar Khayyam, o di un Baudelaire, senza parlare diffusamente dello straordinario prodotto, di quel nettare padre dell'ebbrezza creativa.

Sarebbe, evidentemente, un tentativo tanto inutile quanto addirittura dannoso, obbligando il lettore ad una dicotomia tra l'essenza e la sostanza, tra il recipiente (è il caso di dire) e il percepito. Quindi poesia e poeti! Ma anche vino, a fiumi, nella sua storia e nella sua consistenza fisica, oltre che metafisica. La presente ricerca si pone quindi l'obiettivo di offrire un quadro più completo possibile sia nella quantità di opere reperite che nella specificità dei riferimenti, oltre che nell'inquadramento storico indispensabile ad una opportuna valutazione del rapporto tra il prodotto della vite e il prodotto dell'arte poetica.

Vale la pena infatti non trascurare l'affiatamento, che nelle varie epoche si è manifestato nelle "ispirazioni" (e aspirazioni) solo apparentemente opposte, la dionisiaca e l'apollinea, che infatti tanto opposte non sono, tantomeno in questo caso, visto che la ricerca creativa dell'arte poetica sembra non disgiunta dalla straordinaria attenzione che i poeti di tutti i tempi (ma direi gli artisti in generale) hanno riservato al vino; e, seppure non tutti i poeti abbiano avuto l'ispirazione di "cantare" il *nettare degli dei,* sono ben pochi quelli che hanno escluso dalle loro argomentazioni la cultura tradizionale della vigna, dei filari e della vendemmia.

Ecco il centro del problema: se la poesia sia la vera forma letteraria del vino. Perché il connubio secolare tra il vino e il suo significato culturale che da millenni trova nella poesia la sua espressione? Di che sodalizio si tratta? La vite nasce selvaggia, ma il vino è opera di esperienza e inventiva come la poesia, eppure entrambi così legati alla misura e alla tecnica. Il vino come la poesia nasce da un progetto, è frutto di una scelta, la conseguenza di un'osservazione, di un'occasione che una mente vigile e sensibile ha saputo rilevare e cogliere. Nel vino si sentono pulsare le vene della terra e nella poesia le vene della vita. Le vene immaginarie e quelle reali si allacciano alle radici della vite/vita e si gonfiano in grappoli e il succo elaborato, lavorato rivela l'essenza di un terreno o di un'anima.

Difficile non rimanere sedotti dalla carica storica, culturale ed evocativa che il vino riesce a sprigionare al di là della sua essenza edonistica. Certo, questa sfumatura rischia sempre più spesso di essere ignorata o, peggio, di essere negata, nel caos della mera sfera utilitaristico-economica. Una sorte che, con un'analogia forse non del tutto sorprendente, colpisce inesorabilmente anche il genere letterario della poesia, sempre più dimenticato per la sua inadeguatezza ai tempi. Oggi di vino si parla naturalmente in altri termini eppure la figura del poeta di qualunque epoca si associa con candida naturalezza alla sfera enoica: un bicchiere di vino per conciliare l'ispirazione, un brindisi per propiziare la riuscita delle rime o festeggiarne il successo fino ad arrivare a scene di veri e propri deliri bacchici propedeutici allo sprigionamento del genio compositivo.

Varrebbe addirittura la pena di soffermarsi sulle motivazioni che, da quanto si rileva, hanno limitato il mondo femminile, pure fortemente rappresentato nelle schiere poetiche, da una significativa presenza tra i "cantori del vino". Certamente occorrerebbe affrontare l'argomento prendendo in considerazione vari aspetti: storici, psicologici e, prima di tutto, sociologici, che tuttavia amplierebbero a dismisura il nostro compito. Quindi ce ne asterremo prendendo atto di questa parziale assenza.

In ogni caso il vino del poeta (uomo o donna che sia) assume i contorni di una entità semi-divina ma raggiungibile, che si offre alle varie epoche della storia per accompagnare l'umanità nel suo percorso esistenziale: da una parte c'è l'esaltazione dei piaceri materiali connessi con il consumo conviviale del vino, dall'altra l'ebbrezza assume connotazioni mistiche. Il vino diventa il mezzo per raggiungere livelli di conoscenza spirituale altrimenti insondabili, per vivere quell'estasi indispensabile ad avvicinarsi ai "misteri del mondo", alle soglie del divino. Ma il vino del poeta può anche essere metaforico: il bere coincide con la sua ispirazione che ha bisogno di ubriacarsi perennemente con le delizie della natura per raggiungere un'ebbrezza, appunto quella poetica, che, attraverso l'esplosione dei versi, lo trasporta nel suo personale paradiso. Sono tutti aspetti che si paleseranno nei versi dei poeti che sono raccolti nel presente lavoro.

LE ORIGINI

LE ORIGINI DEL VINO E DEI SUOI POETI
dal paleolitico all'inizio della storia.

Dall'ipotesi paleolitica al vino neolitico, passando per la Bibbia

È luogo comune, nella tradizione occidentale, che la storia del vino sia un po' la storia stessa dell'umanità e non a caso le sue origini rimangono impigliate nella leggenda. Una leggenda che, nel bacino del Mediterraneo e nella tradizione biblica, risale sino ad Adamo ed Eva, ritenendo non impossibile che il frutto proibito del Paradiso terrestre fosse piuttosto la piacevolissima uva anziché l'asprigna mela. Le stesse leggende raccontano del patriarca antidiluviano Noè che, avendo inventato il vino, pensò bene di salvare la vite, pianta madre del vino, dal diluvio universale riservandole un posto sicuro nell'Arca della salvezza.

Ma poi si sa come andò a finire: Noè, appena uscito dall'arca, pianta la vigna e ne ottiene vino (fornendoci, tra l'altro, testimonianza del fatto che le tecniche enologiche erano ben conosciute già in epoca antidiluviana), certissimo che la bevanda fosse sicuramente di origine divina anche se riservava qualche sorpresa:

> *GENESI 9, 20-21*
> *Noè, coltivatore della terra, si mise a piantare una vigna.*
> *Bevve del vino, si inebriò e restò scoperto dentro la sua tenda.*

In ogni caso la leggenda biblica di Noè è una versione tarda di un poema epico mesopotamico della creazione in cui un eroe sopravvive a un diluvio. Il suo nome è Utnapishtim. Una tavoletta cuneiforme dell'inizio del II millennio a.C., scritta in sumerico e proveniente dalla città-stato di Nippur nell'Iraq meridionale, offre la più antica testimonianza epigrafica del poema mesopotamico del diluvio facente parte del grande poema epico di Gilgamesh, inciso su 12 grandi tavolette conservate nella biblioteca di Assurbanipal a Ninive.

Gilgamesh compì le sue audaci imprese per scoprire il segreto della vita eterna dall'eroe del diluvio, Utnapishtim. Come Noè, Utnapishtim era favorito dagli dèi, che gli dissero di costruire un'enorme nave che salvò lui e la sua famiglia dal diluvio di pioggia che durò sette giorni e sette notti. Dopo che Utnapishtim atterrò sul Monte Nisir, inviò alcuni Uccelli per vedere quando si sarebbe placata l'inondazione e se si potesse lasciare la barca senza pericolo. Come premio per la loro devozione, Utnapishtim e sua moglie vennero resi «pari agli dèi» e collocati in una dimora distante «alla foce dei fiumi». L'eco e le somiglianze con il racconto biblico della creazione e del diluvio sono evidenti.

Le inclinazioni di Noè per la viticoltura e il bere ricordano altri dettagli della storia di Gilgamesh. Ad esempio, nel suo viaggio verso "la foce dei fiumi" lungo la strada verso l'alba, Gilgamesh entra in un boschetto con viti che portano un frutto simile alle pietre preziose corniola (rosso) e lapislazzuli (blu): il colore suggerisce che il frutto fosse l'uva. Poi dopo Gilgamesh incontra Siduri, un'ostessa, la quale ha una brocca e una ciotola, tipici recipienti per servire e bere vino e consiglia a Gilgamesh come attraversare le "Acque della Morte" verso la casa di Utnapishtim. La donna lo dissuade con piaceri ben più materiali.

Le allusioni al vino e all'uva nelle due versioni, biblica e mesopotamica, del diluvio sono affascinanti ma sono mescolate a motivi fantastici e leggendari che mettono a dura prova ogni indagine storica. A causa delle lacune nella versione mesopotamica e delle traduzioni dubbie non è prudente forzare i dettagli. Però si può ipotizzare che i racconti del diluvio contengano reminiscenze degli inizi della viticoltura.

Un'altra tradizione biblica racconta che Satana si presentò al patriarca Noè offrendogli il suo aiuto per la coltivazione della vite. Noè, dopo averci pensato, acconsentì. Allora il diavolo prese un agnello, lo sgozzò e bagnò col sangue la zolla dissodata, quindi disse: "Ciò significa che chi berrà vino con moderazione sarà mite come un agnello". Poi il diavolo uccise un leone e ne versò il sangue su un'altra zolla, dicendo: "Questo per dimostrare che chi berrà poco più del necessario si sentirà forte come il re della foresta". Infine uccise un maiale, irrorò una terza zolla e concluse: "Chi ne berrà smodatamente, si rotolerà nel fango come un porco".

Anche nell'epopea di Gilgamesh, uno dei libri più antichi del mondo, il passaggio di Enkidu, dal suo vecchio stato "naturale" di uomo selvaggio a quello nuovo di uomo civile, è sugellato da una libagione improvvisata che mette in relazione addirittura il potere del vino con quello del *soma* vedico o dell'*haoma* mazdeo:

Lì tutti i pastori fecero ressa per vederlo, davanti a lui posero del pane, ma Enkidu sapeva solo suggere il latte degli animali selvatici. Annaspò maldestro, stette a bocca aperta, e non sapeva come fare o come dovesse mangiare il pane e bere il vino forte. Disse allora la donna: - Enkidu, mangia il pane, è il bastone della vita; bevi il vino, è l'uso del paese. - Così mangiò finché non fu sazio e bevve vino forte, sette calici. Divenne allegro, il suo cuore esultò e il suo viso brillò. Lisciò i peli arruffati del suo corpo e si unse con olio.

Enkidu era diventato un uomo.[1]

Il vino, quindi, si produceva già da migliaia di anni, certo attraverso l'uso di vitigni selvatici e con tecniche assai diverse da quelle odierne. Inoltre, per gli antichi il vino non era tanto un prodotto caratterizzato a seconda dei vari vitigni, quanto un punto di partenza per ogni tipo di bevanda, a cui si potevano aggiungere acqua, miele, pece, resine e qualsiasi altro tipo di aroma.

Ma la storia vera della vite (e dell'uva che è il suo frutto) non è meno affascinante e avventurosa, basti pensare che la *Vitis vinifera,* a cui appartengono quasi tutte le moderne varietà a frutto bianco e rosso, ha abitato il nostro pianeta sin dai tempi preistorici e che, con molta probabilità è stata una delle prime piante a crescere spontaneamente ben 50 milioni di anni fa.

Forse l'origine di questa pianta risale addirittura all'*Ampelopsis,* una vite rampicante di 500 milioni di anni fa, prima della separazione dell'unica massa terreste, la Pangea. A seguito dell'allontanamento dei continenti la famiglia originaria della vite si differenziò in circa 100 varietà, sebbene il 99% dell'attuale vino mondiale derivi da un'unica specie di vite euroasiatica *(Vitis vinifera sylvestris)* con qualche presenza di *Vitis labrusca, Vitis rotundifolia* (moscato americano) e *Vitis amurensis.*

La *Vitis vinifera sylvestris* (progenitrice della specie domestica) oggi è diffusa su una superficie che va dal Portogallo all'Asia Centrale e dalla Crimea all'Africa nord occidentale ma la sua distribuzione è solo una parte molto ridotta di quella che doveva essere fino alla grande glaciazione del Quaternario.

Da tutto ciò si evince come l'ipotesi, per lungo tempo ricorrente, che la *Vitis vinifera* arrivasse dall'India espandendosi poi per il resto dell'Asia, fermandosi nella "mezzaluna fertile" per raggiugere le sponde del Mediterraneo, si confronti con un'altra ipotesi altrettanto bizzarra, quella che il termine "vino" provenga dalla parola sanscrita "vena", che significava "amare" da cui anche il nome Venere. Confermando che l'apporto romantico è spesso un elemento vivificante nella poesia, ma poco nella scienza.

Ci sono quindi elementi per considerare la possibilità che, molto prima di quanto le prove archeologiche consentano di affermare, l'uomo abbia prodotto, anche involontariamente, una qualche forma di fermentato d'uva in epoche imperscrutabili. In ogni caso *Homo sapiens* che, circa 2 milioni di anni fa, si spostò dall'Africa orientale nel Medio Oriente, lungo il suo cammino verso la civiltà, molto probabilmente ha avuto il suo primo incontro con la vite selvatica eurasiatica.

E quella che viene definita "l'ipotesi paleolitica" secondo la quale l'uva selvatica ammassata da un ignaro "raccoglitore" in un contenitore, produce mosto sul fondo che inizia a fermentare per la presenza di lievito naturale, creando un ambiente anaerobico e ricco di anidride carbonica, inducendo l'uva ad alterare il suo metabolismo e a scomporre le sue riserve zuccherine in alcol. Il gioco è fatto: si rivelano le sue doti inebrianti che suggeriscono di ripetere l'esperimento involontario.[2]

In ogni caso è certo che la vite selvatica eurasiatica è stata portata a coltivazione e addomesticata sicuramente in varie fasi e in più luoghi nella vastissima zona della sua proliferazione. D'altra parte la coltivazione della vite e la pratica della vinificazione comportano una serie di tecniche e di osservazioni che prevedono una forma di civiltà stanziale, ossia la transizione dalla vita nomade a quella sedentaria. Per tutti questi motivi si concorda nell'individuare il Neolitico come il periodo in cui iniziò la vinificazione in grande scala. E non è azzardato ipotizzare che la zona di primo interesse, per quello che riguarda la pratica di far fermentare il mosto, sia stata la regione transcaucasica (le attuali Armenia e Georgia) dove già si praticava la spremitura delle uve.

Ciò, come si vedrà, avvenne a partire dal periodo neolitico (8000-4500 a.C.), quando per la prima volta nella storia dell'umanità si crearono le condizioni necessarie alla produzione del vino.

Il primo elemento da considerare è il fatto che proprio allora le comunità del Medio Oriente e dell'Egitto si trasformarono da nomadi in stanziali, e gli insediamenti vennero così facilitati sia dalla coltivazione delle piante che dall'allevamento degli animali. Con la sicurezza dell'approvvigionamento del cibo, sconosciuta ai gruppi nomadi, e con una stabile base operativa, si affaccia nella storia dell'uomo il primo concetto di "cucina" neolitica. Con l'aiuto di una serie di tecniche e procedimenti (fermentazione, ammollo, cottura, condimento, ecc.) i popoli neolitici furono i primi a produrre pani, birre e un assortimento di piatti a base di carni e cereali, che ancora oggi ritroviamo sulle nostre tavole.

Fu Nikolaj Vavjlov, un botanico russo, il primo a convincersi che le più antiche testimonianze di una vera e propria "cultura del vino" si trovano nella zona detta "Transcaucasica" una regione che si estende fra il Mar Nero e il Mar Caspio e che comprendente l'odierna Georgia, l'Armenia e l'Azerbaigian; una vasta zona in cui ancora prolifica la vite selvatica eurasiatica. Basti pensare che in Georgia crescono attualmente 500 varietà di vite domestica che producono 60 diversi tipi di vino, testimonianza di una cultura vitivinicola secolare che trova la sua massima espressione nelle cene tradizionali, presiedute da un capo-brindisi (*tamada*) che propone numerosi brindisi alla patria, alla famiglia, alla vita e a quant'altro.

Recenti scoperte nell'Anatolia (Turchia orientale), a Cayonu, a Catal Hoyuk, ad Hacilar, hanno fatto risalire all'VIII-VII millennio la presenza di un'agricoltura molto precoce, collegando questa zona direttamente alla cultura Transcaucasica con la quale condivide un nucleo linguistico, detto *Kartveliano,* appartenente alla grande famiglia del proto-indeuropeo. La parola "vino", dal proto-indoeuropeo *woi-no, è* affratellata a molte lingue antiche e moderne, di derivazione indoeuropea e non: latino *vinum,* hattico *windu,* ittita *wijana,* accadico *inu,* ugaritico *yn,* proto-semitico *wainu,* antico ebraico *yayin,* greco (lineare B) *wo-no,* Egitto *wns,* inglese e francese moderni rispettivamente *wine* e *vin.* In Kartveliano la parola è *gwino,* usata in Georgia ancora oggi.[3]

Tutto ciò fa ritenere che la parola *woi-no* appartenga ad una fase molto remota della formazione del proto-indoeuropeo e che si sia infiltrata nelle lingue di altre popolazioni insieme alla migrazione di gruppi di contadini-guerrieri che, intorno al 5000 a.C., si diressero verso l'Iran, l'Egitto, i Balcani; ma anche verso l'Europa del nord e fino in Irlanda in considerazione delle strette parentele tra le leggende dei Narti, in Ossezia, nel ciclo di Batraz e quelle dei Celti nel ciclo di Cùchulainn.

Queste popolazioni di produttori e consumatori di vino della regione transcaucasica difatti altro non erano che i pro-genitori di quegli Sciti di cui hanno parlato sia Strabene che Erodoto:

[...] nei territori a settentrione e presso l'Oceano vi sono certi Sciti nomadi, che vivono nei carri. Più aU'interno abbiamo i Sarmati (anch'essi sono Sciti), Aorsi e Sirakoi, che si estendono fino ai monti caucasici verso mezzogiorno; gli uni sono nomadi, gli altri vivono nelle tende e lavorano la terra.

(Strabone, *Geographika,* XI, II, l)[4]

A quanto sostengono gli Sciti, il loro popolo sarebbe di tutti il più recente e avrebbe avuto questa origine: in questo paese, che era deserto, nacque per primo un uomo di nome Targitao i cui genitori, dicono, (per me la cosa non è credibile ma essi pure la raccontano) sarebbero Zeus e una figlia del fiume Boriatene. Di tal razza, dunque sarebbe Targitao e avrebbe avuto tre figli: Lipossai, Arpossai e Colassai, che era il più giovane. Durante il regno di costoro, dicono, caddero sulla Scizia, discesi dal cielo, degli oggetti d'oro: un aratro con un giogo, una bipenne e una coppa.

(Erodoto, *Storie,* IV, 5)[5]

Entrambe le narrazioni mettono in luce la duplice valenza di quelle popolazioni Sciitiche; ma Erodoto aggiunge un altro elemento di grande interesse per il nostro scopo: gli oggetti d'oro che caddero dal cielo erano un aratro (il loro essere agricoltori), un'ascia (il loro essere guerrieri) e una coppa (il loro essere grandi bevitori). Per questo motivo, si raccontava, gli Sciti portavano sempre ima coppa alla cintura. E in un'altra parte della narrazione Erodoto è ancora più preciso:

Ogni anno, ogni capo di distretto prepara un cratere di vino. Ne bevono quelli fra gli Sciti da cui sono stati uccisi dei nemici. Quelli che non hanno quest'impresa al loro attivo non ne bevono e subiscono per di più l'umiliazione di restar seduti in disparte, il che è per loro un disonore grandissimo. Al contrario, quelli fra loro che si trovano ad aver ucciso un gran numero di uomini tengono due coppe insieme e bevono senza interruzione.

(Erodoto, *Storie* IV, 66)[6]

Gli scolii ad Apollonio Rodio riferiscono che l'origine della città di Sinope deriva da una Amazzone che col vino aveva un ottimo rapporto:

Androne di Teo dice che una della Amazzoni, arrivata fuggendo sulla costa del Ponto, si sposò con il re del paese e che, siccome beveva molto vino, fu chiamata Sanapé, il che, in traduzione, significa «colei che beve molto»; le donne ebbre sono infatti chiamate sanapai dai Traci, di cui le Amazzoni impiegano la lingua; che la città pure ricevette il nome di Sanapé, il quale si corruppe successivamente in Sinópé. Quanto all'Amazzone ebbra, a detta di Ecateo, lasciò questa città e se ne andò presso Lytidas.

(Scholia in Ap. Rh. velerà,) [7]

La fama degli Sciti, barbari beoni che, tra l'altro, bevevano vino puro e non mischiato con acqua, era molto nota nella Grecia di Anacreonte di Teo il quale, come si vedrà più avanti, nel capitolo dedicato al vino nel mondo greco, ci tiene a stigmatizzare le differenze di stile.
Tra l'altro gli Sciti della transcaucasica avevano reso i propri vigneti estremamente estesi e fertili con la serie di opere di edilizia irrigua molto accurate; l'importanza della viticoltura nell'economia e nel culto dello stato urarteo ci è testimoniata in passi come il seguente, da un'iscrizione del re Ishpuini:

Quando gli alberi (di vite) in primavera cominciano a germogliare, che si immolino tre pecore al dio Khaldi e tre pecore agli dèi dell'adunanza. Quando la vigna è preparata si immolino tre pecore a Khaldi e tre pecore agli dèi dell'adunanza. Quando la vigna è raccolta si immolino tre pecore a Khaldi e tre pecore agli dèi dell'adunanza. Essi pigiano il vino e si asperge come una libagione.[8]

Si tratta di un passo illuminante sulla natura e sulla percezione del rapporto tra la produzione vitivinicola e la divinità. Ecco invece la fine che spettò ai vigneti irrigati della città urartea di Ulkhu, all'arrivo delle vittoriose truppe assire capeggiate dal re Sargon (721-705 a. C.):

Entrai nella sua cantina nascosta. Le numerose truppe di Assur attinsero buon vino dai grandi otri in pelle, come acqua di fiume... Nei suoi piacevoli giardini che davano una fisionomia alla sua città, e che erano pieni di alberi da frutta e vigne come l'incommensurabile profluvio del cielo, i miei forti guerrieri diedero l'assalto.[9]

Non c'è dubbio: un buon bicchiere di vino può raccontare una grande storia.

Gli estimatori del vino nel Vicino Oriente Antico

Gli abitanti della terra di Sumer erano certamente forti bevitori di birra ricavata dall'orzo di cui erano produttori come è dimostrato dalla "tenzone" sumerica tra il pastore Dumuzi e il contadino Enkimdu, che gareggiano sui rispettivi prodotti:

Il contadino su di me in cosa è superiore?
Enkimdu, l'uomo dei canali, delle dighe, dei solchi,
su di me, questo contadino, in cosa è superiore?
Che mi dia la sua farina di frumento,
e io gli darò in cambio le mie pecore nere;
che mi dia la sua farina bianca,
e io gli darò in cambio le mie pecore bianche;
che mi versi la sua birra di prima qualità,
e io gli verserò in cambio il mio latte giallo;
che mi versi la sua birra dolcificata,
e io gli verserò in cambio il mio latte cagliato [...].[10]

D'altra parte la vite euroasiatica non ama il clima caldo e secco della bassa Mesopotamia, dove nacquero i grandi centri della civiltà Sumerica, e il vino della zona era evidentemente un prodotto mediocre di qualche sporadica vigna.

Tuttavia le potenti città Sumeriche controllavano politicamente, o anche solo commercialmente, una vasta zona che andava dall'Elam ai monti Zagros, alla Mesopotamia superiore, fino alla Siria e alla Turchia. E poiché, da quanto è dato rilevare dal poema di Gilgamesh, si arguisce come i sovrani e i sacerdoti fossero particolarmente attratti dal vino, se ne deduce che buona parte della quantità occorrente a sedare la loro sete se la facessero portare dalle zone di miglior produzione, come, appunto, le alture di Susa, nell'Elam, o dai Monti Zagros in Iran.

Gli studiosi che hanno cercato di scoprire ciò che la terra nasconde alla vista degli uomini si sono imbattuti casualmente nella più antica giara di vino mai rinvenuta. Nel 1996, infatti, una missione archeologica americana, proveniente dall'Università della Pennsylvania e diretta da Mary Voigt, ha scoperto nel villaggio neolitico di Hajji Firuz Tepe, nella parte settentrionale dell'Iran, una giara di terracotta, della capacità di 9 litri, contenente una sostanza secca proveniente da grappoli d'uva.[11]

La giara, che fu ritrovata con altri 5 esemplari interrata nel pavimento lungo uno dei muri perimetrali della "cucina", all'interno di una residenza neolitica costruita con mattoni di argilla, risale al 5400-5000 a.C. confermando una produzione non certo occasionale. Oltre all'acido tartarico, residuo del vino, furono addirittura trovate tracce di resina di terebinto, rivelando l'uso di un antiossidante che troverà ampio consumo nell'antichità, ma anche il gusto ricercato per il vino resinato.

Poco distante, a Godin Tepe, furono trovati orci in terracotta del IV millennio a.C., di forma piriforme i cui residui hanno indotto a pensare che fossero stati deposti inclinati, con tanto di tappi e fori per la decantazione nonché un tipo di attrezzatura, solo in parte rudimentale, per la vinificazione (imbuti e presse).

Sembra inutile proseguire per dimostrare come questo territorio a ridosso dei monti Zagros a partire circa dal 5000 a.C. divenisse un importante centro viti vinicolo, probabilmente a seguito deH'arrivo di quei contadini-

guerrieri migranti dalla Transcaucasica. Sembra invece potersi confermare come la classe dirigente Sumerica avesse sviluppato per "l'elisir liquido" una vera e propria passione che non si poteva soddisfare con la limitata e scadente produzione delle pianure della bassa Mesopotamia. Infatti, in età molto più tarda, lo spiega chiaramente il re babilonese Nabonedo in una sua stele:
Il vino, la pura bevanda delle montagne, che nel mio paese non esiste, aveva il prezzo di un siclo d'argento per 18 stia di vino (= ca. 15 litri) nel mio paese.[12]

Numerose altre fonti mesopotamiche delle varie epoche fanno riferimento alla vite come prodotto "della montagna", mettendo con ciò direttamente in rilievo le caratteristiche del terreno normalmente più adatto alla viticoltura: l'elevazione e la pendenza. Ambedue tali elementi risultano infatti funzionali al convogliamento di una notevole quantità d'acqua verso la pianta, che ne ha necessità, sia sotto forma di pioggia, sia come acqua di scorrimento superficiale o sotterranea. La presenza di pietre nel suolo viticolo è altresì nota, fin dall'antichità classica, come elemento positivo per lo scorrimento di acqua verso la pianta, provvista di radici assai estese. Non stupisce pertanto reperire, nelle fonti mesopotamiche di età pre-greca, le zone più famose di produzione vinicola in territori collinosi o montuosi, piovosi o comunque provvisti di strutture per lo scorrimento dell'acqua in pendenza, come la terra di *Izalla* (nella zona pedemontana a nord della Mesopotamia, da cui giungeva vino fino a Damasco), la terra di *Singara* (in un'elevazione isolata nella piana assira), il territorio attraversato dall'Eufrate che culmina nella città di *Karkemish* a nord, nella zona di *Sukhu* a sud. Da Karkemish il vino giungeva fino in Egitto e nel XVIII secolo a.C. il re di Mari riceveva sovente doni in vino dal sovrano di Karkemish, come dimostra la seguente lettera:

A Yasmakhạddu (di Mari) di': così (parla) Aplakhanda (di Karkemish). ... Se non c'è del vino buono presso di te, affinché tu ne beva, scrivimi; del vino buono io ti spedirò, affinché tu ne beva, (anche se) la tua città è lontana. [13]

Ma vediamo un documento che illustra il meccanismo distributivo nella sua forma più semplice, e prendiamo ad esempio un riepilogo della produzione del vino nel palazzo di Ugarit. Lo schema distributivo è messo in evidenza dalla redazione stessa del testo in due parti distinte.
La prima parte elenca i quantitativi di vino che affluiscono al *palazzo* dalle varie fattorie regie e dai villaggi:

15 giare di vino buono e 90 in tutto di vino non buono e 40 di vino hltf dal frantoio dei Sknm
10 giare di vino buono e 45 in tutto di vino non buono dal frantoio Tbq.
110 giare in tutto di vino buono e 64 in tutto di vino non buono dal frantoio M'rby.
60 giare di vino buono e 25 di vino non buono da Ulm.
100 giare di vino buono e 66 in tutto di vino non buono dal frantoio nuovo.
90 giare di vino non buono da Zbl.
20 giare di vino buono e 65 in tutto di vino non buono dal frantoio Sgy.
42 giare in tutto di vino buono e 51 in tutto di vino non

buono dal frantoio Gwl.

39 giare in tutto di vino non buono dal frantoio Ipsl.

80 giare di vino buono dal frantoio [...]

95 giare in tutto di vino dal frantoio [...]

40 giare in tutto di vino buono e x8 in tutto di vino non buono dal frantoio Gn'y.[14]

La seconda parte elenca le occasioni o i motivi per i quali il vino è stato consumato:

200 giare di vino hsp che è stato consumato per i sacrifici [...]

140 giare in tutto di vino hsp per il [...]

120 giare in tutto di vino hsp per il [...]

20 giare di vino hsp per il messaggero partito per l'Egitto.

140 giare in tutto di vino msb per le guardie.

20 giare di vino msb... per i tosatori.[15]

Si noterà che i tipi di vino in entrata ("buonore "non buono", cioè probabilmente "dolce" e "secco") sono diversi da quelli in uscita *(hsp e msb),* ciò che mette in evidenza il lavoro di trasformazione compiuto a palazzo.

Zone collinose producevano i vigneti più rinomati della zona siro-palestinese: da quelli dei monti del Libano con un vino «dal profumo di incenso con cui si liba agli dèi» secondo Plinio, a quelli di Khelbon nella Siria centrale, noti fin nel mondo mesopotamico e celebrati come esemplari nell'Antico Testamento («vigneti famosi come quelli di Khelbon», afferma Osca). Si può comunque considerare tutta la zona siro-palestinese come territorio viticolo per eccellenza: così le regioni costiere di Alalakh e Ugarit documentano ampiamente 1'esistenza di vigneti attorno alla metà del II millennio a. C., vini da Tiro sono noti da

documenti egiziani, mentre Thutmosis
Ili (XVIII dinastia) insiste particolarmente sull'abbondanza del vino che scorreva nelle presse della città di Ullaza, "così come scorre l'acqua", al momento della sua vittoriosa espugnazione del sito fenicio.

Per tutta la durata della costruzione del tempio a Gerusalemme, sia la prima volta sotto Salomone sia la seconda al tempo di Esdra, la manodopera fenicia veniva invece alimentata con ingenti dosi di vino locale, palestinese; e l'abbondanza dei vigneti nelle campagne e presso le mura di cinta dei siti palestinesi può ben immaginarsi, osservando il paesaggio nelle raffigurazioni assire della presa della città di Lafdsh (nell'altipiano della Shephelah, a est di Ascalona) sotto Sennacherib (704-681 a.C.).

La tecnologia della vinificazione, per quanto è possibile ricostruirla, risulta diversa da zona a zona, con prodotti adattati ogni volta alle esigenze e ai gusti locali. Il recipiente viene chiuso ermeticamente, con tappi di canna, argilla o simili per non fare degenerare il prodotto in aceto; la durata della stagionatura si può trovare forse riflessa nelle espressioni "vino nuovo" e "vino vecchio", che qualificano bevande del mondo mesopotamico e biblico.

Parzialmente connessa alla stagionatura è la presenza di feccia nel vino, che poteva essere trattenuta, per la corposità che conferiva alla bevanda, o filtrata: filtri di argilla bucherellata, da congiungere con sifoni di canna ci pervengono da zone lontane tra di loro, quali ad esempio la Mesopotamia settentrionale del periodo 1900-1600 a. C., e la Palestina dell'inizio del I millennio, mentre una stele egizia della metà del II millennio a. C. mostra un guerriero siriano nell'atto di bere vino da uno di tali arnesi. Altre raffigurazioni egiziane illustrano chiaramente l'uso di "tagliare" un vino con un altro, al fine di mutarne parzialmente la consistenza e il sapore; mentre un testo della città di Mari (XVIII secolo a. C.) tratta di una giara di vino rosso che viene mescolata con sei giare di vino.

Dall'Egitto alla Mesopotamia, dalla Siria all'Anatolia troviamo tracce di vini bianchi e rossi, "dolci" (e forse decisamente aromatizzati) e "amari" (forse solamente "secchi", o qualcosa di diverso?), "di prima qualità" e di "seconda qualità": ogni zona viticola o centro di importazione possiede proprie terminologie, relative alle particolari caratteristiche del vino a disposizione.

Sulla forma dei vigneti e la loro topografia puntuale nei vari ambienti, possediamo dati sporadici: spesso cintati da siepi, e provvisti di muri di pietra per ogni terrazzamento in luoghi scoscesi, i vigneti siriani e palestinesi si trovano sovente associati a tini e bacini per la pigiatura, a volte anche a torri di guardia, adibite ad abitazioni per guardiani o vendemmiatori stagionali.

Numerosi documenti giuridici da Ugarit (XIV secolo a.C.) menzionano terreni ceduti "con la sua torre, il suo vigneto, il suo oliveto"; ne parla ancora, molti secoli dopo, il libro di Isaia, nella sua ben nota *Canzone del vigneto:*

Canterò per il mio diletto
il mio cantico d'amore per là sua vigna.
Il mio diletto possedeva una vigna sopra un fertile colle.
Egli l'aveva vangata e sgombrata dai sassi e vi aveva piantato scelte viti;
vi aveva costruito in mezzo una torre e scavato anche un tino.
Egli aspettò che producesse uva, ma essa fece uva selvatica [...][16]

Ce lo ricorda ancora Geremia, a proposito dell'ira di Yahweh che si abbatte sul regno di Moab:

Non c'è più vino nei torchi, i pigiatori d'uva non pigiano più, non si odono più grida di gioia. [17]

E, non molto diversamente, ancora Isaia, sempre a proposito dei vigneti moabiti:

Niente più baldorie nei vigneti, niente più grida festose; niente più vino pressato nei torchi, i canti sono silenti. [18]

La diffusione del Vino nel Vicino Oriente è ancora rispecchiata dalla vasta gamma di usi che ne vengono fatti: da espressione di una socialità immediata (che poteva venire condotta oltre i limiti delle norme di provenienza), appannaggio d'ogni settore della popolazione, a strumento celebrativo nelle funzioni più auliche e formali. Un brano di rituale ittita basterà a mostrarne le caratteristiche estreme, di sacralità, quali si ritrovano anche in Mesopotamia, Siria-Palestina, Egitto:

Essi separano un viticcio e dicono: "Proprio come la vite manda in risso le radici ma invia in alto i viticci, così possano il re e la regina mandare in basso le radici e in alto i viticci. [19]

Espressioni di sacralità, si diceva, che nel regno d'Israele evolverà decisamente verso la poesia, così come noi l'intendiamo, con il *Cantico dei cantici,* conosciuto anche come *Cantico di Salomone,* poiché se ne attribuisce la paternità all'antico re di Israele del X secolo a.C.: la tradizione ebraica vuole sia stato scritto con la costruzione del Tempio di Gerusalemme, in realtà si ritiene sia opera di uno scrittore anonimo del IV secolo a.C., che ha fatto confluire nel testo diversi poemi antecedenti originari dell'area mesopotamica. È composto da 8 capitoli contenenti poemi d'amore (con alcune implicite allusioni erotiche) in forma dialogica tra un uomo (anonimo) e una donna Sulammita:

[...] mi siano come grappoli d'uva i tuoi seni e come di mele il profumo del tuo volto [...] [...] la tua bocca come un vino inebriante che dolce si insinui tra le labbra, sui denti e scenda soave nella mia bocca.[20]

E se gli antichi Ebrei e in generale gli abitanti della zona siro-palestinese avevano una vera e propria passione per il vino, non da meno lo erano i loro vicini, gli Egiziani, seppure con tutte le limitazioni determinate dai fattori ambientali e climatici:

Giare piene di vino sono portate in Egitto due volte all'anno da tutta la Grecia e la Fenicia.[21]

Così raccontava Erodoto nelle *Storie,* evidentemente ignorando le risorse vinicole che, autonomamente ma non sufficientemente, aveva l'Egitto. Quest'affermazione, in sé relativamente priva di grandi conseguenze conoscitive, acquista un valore diverso se valutata insieme a quanto lo storico greco racconta nel II libro dedicato all'Egitto:

Come vino essi usavano di solito una bevanda fatta d'orzo, poiché non hanno vigne nel loro paese.[22]

È molto probabile che Erodoto, durante la sua permanenza in Egitto, non ebbe modo di apprendere ne tantomeno di visitare i più importanti distretti viticoli del paese, in caso contrario avrebbe avuto l'opportunità di evitare un simile errore, smentito, innanzi tutto, dall'esistenza delle zone del Delta occidentale e orientale in cui sono presenti terreni umidi e ghiaiosi ben adatti alla vigna; quindi dalle oasi desertiche dell'occidente, innaffiate da polle sotterranee, infine da alcune regioni della valle nilotica, già note fin dal Medio Regno per la produzione viticola.

In ogni caso, se nel tardo II millennio tale produzione era certo sostenuta da una cospicua importazione dalla parte del territorio palestinese posto sotto l'influenza egiziana, le numerose raffigurazioni pittoriche (dall'Antico Regno in avanti) e passi come il seguente, del III secolo a. C., dimostrano chiaramente come la viticoltura fosse diffusa anche in Egitto:

I giardinieri della vigna dicano:
"Vieni, nostro signore,
vedi le tue vigne e rallegrati per esse".
Schiacciano i vendemmiatori l'uva davanti a te,
molta uva è per terra,
ha più succo dell'anno passato [...]

La notte viene,
l'uva è pesante di rugiada.
Si pigi in fretta e si porti alla casa del nostro signore! [...]
Se ne faccia una libagione al genio della vigna,
che dia molto vino quest'altr'anno.[23]

Sembrerebbe quindi accertato che nell'antico Egitto la pratica della vinificazione fosse consolidata; difatti in tombe e palazzi, risalenti ad almeno 5.000 anni fa, gli archeologi hanno riportato alla luce anfore provviste di

etichette che riportavano con la massima precisione caratteristiche e provenienza del contenuto. Questi "sigilli di garanzia" fornivano anche informazioni sul nome del vino, la regione di provenienza dell'uva, l'anno di produzione, il titolare della primordiale azienda vinicola e addirittura un giudizio di qualità della bevanda. In alcune di queste anfore è stato ritrovato anche del vino conservato da diversi anni, esempio dei primi tentativi di attuare la pratica dell'invecchiamento.
Le prime rappresentazioni artistiche dell'attività vinicola presso gli antichi egizi provengono da due affreschi conservati a Tebe, nella tomba di un certo Nakt della XVIII dinastia (1420-1411), con suggestive riproduzioni della vendemmia; e dalla tomba di Userhat, al tempo di Amenofi (1450-1425), con riproduzione della pigiatura e della registrazione delle giare.
Alcuni geroglifici trovati in tombe risalenti al 2500 a.C. descrivono già la presenza di almeno cinque tipi di vino che costituivano parte degli approvvigionamenti che il defunto avrebbe portato con sé nell'aldilà. Inoltre esistono pitture murarie egizie rappresentanti banchetti e anche persone in stato di ubriachezza. I vini prodotti erano soprattutto rossi, ne dà prova il fatto che le uve raffigurate sono solo di qualità nera, cioè quelle tipiche dei climi temperati. Il vino veniva conservato in anfore dallo stretto collo, solitamente a due manici, sigillate con un tappo circolare di terracotta e da un coperchio conico di argilla che veniva fortemente pressato lungo il bordo. Su questa copertura di argilla venivano solitamente impressi vari sigilli cilindrici riportanti il nome del faraone il quale si magnificava per la personale disponibilità del vino e della

possibilità di elargirlo ai suoi estimatori:

Io ho fatto per te vigneti nell'Oasi Meridionale e nell'Oasi Settentrionale egualmente, senza numero, ed altri nel Sud con numerose liste. Ed essifuron moltiplicati nel Paese del Nord a diecine di migliaia. Essi furono equipaggiati con giardinieri fra i prigionieri dei paesi stranieri e furon completati di stagni scavati da me e provvisti di fiori di loto e con sdh e vino come quando si attinge acqua per le offerte in cospetto tuo a Tebe la Vittoriosa.[24]

LA STORIA:
VINI VERSATI

VINO E POESIA NEL MONDO GRECO

Il vino filosofale

Sebbene la produzione del vino, allo stato attuale delle conoscenze, sembrerebbe trovare origine, circa otto millenni prima della nostra èra, in una vasta zona che dall'Iran orientale arriva fino alla Turchia (tanto che già seimila anni fa i Sumeri simboleggiavano con una foglia di vite resistenza umana), è certamente vero che a diffondere l'uso del vino in tutto il mondo antico siano stati prima i Greci e poi i Romani.

Nel mondo greco il vino era ritenuto un dono degli dei e tutti i miti sono concordi nell'attribuire a Dioniso, il più giovane figlio immortale di Zeus, l'introduzione della coltura della vite tra gli uomini, tanto che Dioniso, il dio del vino, fu oggetto di culto non solo presso i Greci, ma anche in Etruria, dove era «identificato con la divinità agreste Fufluns, e quindi nel mondo romano, dove era conosciuto come Bacco e ricollegato a Liber, antica divinità latina della fertilità.

Secondo la versione più diffusa del mito, Dioniso era nato dall'unione di Zeus con Semele, figlia di Cadmo, re di Tebe. Zeus per avvicinare la donna, che era mortale, le aveva nascosto il suo vero aspetto, ma Semele, istigata dalla gelosa Era, gli chiese di poterlo ammirare nella sua forma di dio del cielo, ed essendogli Zeus comparso con la folgore, restò incenerita. Zeus allora salvò dal suo corpo il piccolo Dioniso e lo cucì nella propria coscia per portarne a compimento la gestazione; quando il bimbo nacque, lo

affidò alle ninfe del monte Nisa affinché lo allevassero. Cresciuto nella solitudine dei boschi, educato da Sileno, Dioniso piantò la vite, inebriandosi *dei? "umòr che da essa cola"* e il suo destino fu di peregrinare di luogo in luogo accompagnato da animali feroci, pantere o tigri, e seguito da un numeroso corteggio di menadi, satiri e sileni.
Ne parla anche Euripide (480 - 406 a.C.) nelle *Baccanti.* Dice Tiresia:

[...] O *ragazzo,*
sono due i prìncipi supremi, tra gli uomini: la dea Demetra,
che è la terra: e tu chiamala con il nome che ti piace:
quella nutre i mortali con le cose asciutte:
ma questo, che venne dopo, che è il principio opposto, che è nato da Semele, inventò il liquido liquore del grappolo,
e lo portò agli uomini: è lui che libera dal dolore gli sventurati mortali, quando si riempiono con il succo della vite:
è lui che concede il sonno e l'oblio dei mali, giorno per giorno, e non c'è altra medicina, per le sofferenze.
Questo, che è un dio, viene versato in sacrificio agli dei:
è per questo dio che gli uomini ottengono ogni bene.[25]

E ancora più avanti:

Così, questo essere divino, chiunque egli sia, o signore,
accoglilo in questa città, perché è grande in tutte le cose:
e in questo, anche, è grande che dicono di lui, che io sento dire :
ha dato ai mortali la vite, che allontana il dolore:
e se non c'è il vino, non c'è Afrodite:
non c'è un altro piacere, mai, per gli uomini.[26]

E, in un'altra sua tragedia, l'*Alcesti :*

[...] E poi, pur conoscendo la situazione, non si è accontentato dei cibi che gli venivano imbanditi, no, quello zotico se qualcosa mancava ce la chiedeva con insistenza. Agguantata con le mani una coppa di edera, tracanna vino puro, così com'è prodotto dalla nera terra, ne tracanna finché il calore fiammeggiante del vino non gli si diffonde per tutte le vene.[27]

Il vino era quindi già per i Greci arcaici una bevanda sacra alla quale attribuivano un'importanza e una dignità assai elevate: reperti archeologici precedenti alla cultura Micenea, risalenti a prima del 1600 a.C., testimoniano che il vino era già a quei tempi utilizzato come bevanda per scopi rituali e religiosi. Esso da subito divenne simbolo di amicizia tra gli uomini, e tra gli uomini e gli dei, e proprio in tal senso può essere considerato una delle prime sostanze naturali usate a scopi religiosi. A ricordarcelo sono i versi di Saffo (VII - VI sec. a.C.) in *Festa religiosa:*

[...] da Creta a questo tempio
divino: v'è un bosco gentile
di meli, are vaporano
d'incensi.

L'acqua fredda risuona fra le rame
del melo e la radura è un'ombra
di rose. In un palpito di foglie
cola sopore.

Nei pascoli prativi, fioriture
di primavera: spira un alito
di finocchi, soave...
Dea di Cipro, cingi le bende, vieni!

Mesci in calici d'oro, languida, con la gioia
il tuo nettare,
versa.[28]

E ancora, sempre Saffo, in *Convito divino:*

Il cratere era colmo
d'ambrosia;
Ermete prese un'anfora,
versò. Tutti gli dèi
reggevano le coppe,
libavano. Allo sposo
fecero auguri di felicità.[29]

Occorre pertanto evidenziare come questa "bevanda di Dioniso" abbia ricoperto un ruolo assolutamente fondamentale sin dai primi periodi della formazione e dello sviluppo della civiltà ellenica, e assegnare alla intraprendenza, tanto filosofica quanto mercantile, di questa civiltà il merito di aver diffuso la cultura del vino.

Pare infatti assodato che siano stati sempre i Greci, molti secoli prima della nostra èra, a introdurre la vite in Nord Africa, Andalusia, Provenza, nonché Italia meridionale e Sicilia. A questo proposito vale la pena ricordare che nel V secolo a.C. fu Sofocle che promosse l'Italia il paese "prediletto da Bacco", mentre altri scrittori diedero il nome di "Enotria" ("paese dei pali da vite") alle terre abitate dalle antiche popolazioni ellenizzate stabilitesi sulle coste della Calabria, della Lucania e del sud della Campania. Ed è indubbio che i Greci svilupparono da subito efficaci tecniche di viticoltura, favorendo la coltivazione della vite e la produzione di vino, fino a farli divenire parte integrante delle culture e dei riti dei popoli mediterranei; tant'è che già nella Grecia preclassica si trovano testi con riferimenti precisi sulle pratiche di coltivazione dell'uva e sulle tecniche enologiche.

Certamente il vino prodotto a quel tempo nella penisola ellenica era piuttosto diverso dal vino che siamo soliti apprezzare ai giorni nostri. Normalmente i vini greci erano diversificati per il loro colore, proprio come avviene ancora oggi, e si classificavano come bianchi, neri o rossi, e mogano.

Pare che i Greci ponessero particolare attenzione agli aromi del vino, che spesso definivano come "floreali", tuttavia nella letteratura dell'epoca si descrivono alcuni vini in modo più dettagliato, facendo un riferimento esplicito a particolari fiori, come la violetta e la rosa.

Il gusto del vino che più si apprezzava a quei tempi era quello dolce, anche molto dolce, e a questo obiettivo era tesa l'abitudine, assai frequente, di produrre la bevanda facendo uso di uva appassita, e spesso la dolcezza veniva concentrata mediante l'ebollizione che ne riduceva la quantità d'acqua. Una dolcezza particolarmente apprezzata da Anacreonte (circa 570 - 485 a.C.) che, nelle liriche *Mattinata e A mensa,* la associava alla gioia della vita pacifica e piacevolmente indolente, in chiara polemica con quella del guerriero:

Ho spezzato un frammento d'una focaccina,
ho scolato un orciolo di vino.
Ora faccio vibrare
Mollemente la mia cetra d'amore,
canto la serenata alla ragazza.[30]

Non amo chi beve presso il cratere colmo,
narrando risse e guerre lacrimose;
amo chi, mescendo amore e poesia, non pensa
che al piacere diletto.[31]

Tuttavia a quei tempi non esistevano solo i vini dolci. Si hanno notizie di vini prodotti con uve acerbe e con un'acidità così pronunciata che facevano addirittura lacrimare gli occhi, così come di vini secchi, sia bianchi che rossi, a conferma che l'enologia dell'antica Grecia era piuttosto varia. Il problema principale dei vini di quell'epoca era la loro poca capacità di conservazione a causa dei contenitori utilizzati e, soprattutto, del veloce deperimento dovuto all'esposizione all'aria. I vini si ossidavano piuttosto rapidamente e i Greci furono costretti ad adottare misure che garantissero una maggiore conservabilità del vino. L'aggiunta della resina di pino nel vino in fermentazione rappresentava uno di questi rimedi, che troviamo ancora oggi in uno dei prodotti più celebri in Grecia, il "Retsina", in quanto si riteneva, come difatti è stato dimostrato, che questo componente possedesse delle qualità conservanti.
D'altra parte nel mondo greco il saper produrre e bere vino di qualità era già segno di cultura e civiltà: "*chi usa vino è civile, chi non ne usa è un barbaro*", dicevano i greci.
In effetti i cosiddetti "barbari" bevevano prevalentemente vari tipi di birra (le cui origini non sono meno antiche) sebbene altre popolazioni, considerate altrettanto barbare (come gli Sciti), fossero già dediti all'uso e all'abuso del

vino che, come vedremo in seguito, bevevano senza mischiarlo ad acqua. E anche **Senofonte** (c.a 430-355) nel suo *Simposio* (II, 24-26), fa dire a Socrate (469-399 a.C.) di distinguere e non confondere il piacere della convivialità con lo sconvolgimento dei sensi:

Se si tratta di bere, amici, ci sto anch'io. Poiché il vino, in effetti, irrorando le anime, sopisce gli affanni come fa la mandragora con gli uomini, e d'altra parte risveglia la gioia come l'olio ravviva la fiamma. E tuttavia mi pare che anche al corpo umano capiti come alle piante: queste infatti, quando la divinità le irrora con troppa abbondanza, non riescono a crescere ed a offrirsi al soffio della brezza; quando invece possono bere come desiderano, crescono belle dritte e fioriscono, e giungono a frutto. Lo stesso vale per noi: se riempiamo le coppe con troppa abbondanza, sentiamo presto vacillare il corpo e la mente; neanche riusciamo a parlare; neppure un soffio ci riesce ad emettere. Ma se i servi ci serviranno "pioggerella sottile in picciol vaso", per dirla alla maniera di Gorgia, ecco che il vino non ci costringerà all'ubriachezza con la sua violenza, ma con forza dolce e suadente ci porterà ad una sana allegria.[32]

Anche le decorazioni del ricco patrimonio di vasi e coppe di epoca antica testimoniano, con le loro illustrazioni, varie scene della vendemmia e dei metodi adottati nella produzione del vino. La frequenza delle citazioni letterarie e delle illustrazioni artistiche è così elevata da far pensare al vino come a un elemento quasi centrale nella vita e nella cultura degli uomini di quei tempi. Alcuni miti sull'origine della vite e della bevanda che da essa deriva, attribuivano loro caratteristiche dannose e benefiche al tempo stesso. Per questo motivo, quasi tutte le città stabilirono precise leggi volte a regolamentarne l'uso. Il vino puro era detto "àcraton" (non mescolato, l'equivalente del latino "merum") e possedeva un carattere decisamente negativo, quindi berlo veniva considerato barbaro.

Ma il vino veniva anche concepito quasi come uno strumento pedagogico, in quanto "rivelatore di verità" che permetteva di conoscere più approfonditamente gli altri ma anche se stessi, sotto ogni punto di vista. Come in Asclepiade (III sec. a.C.):

Vino: riprova d'amore. D'amare negava, e i copiosi
brindisi confutarono Nicàgora:
prese a crollare la testa, piangendo, dimesso lo sguardo,
più non gli stava in capo la corona..[33]

O in Meleagro di Gadara (130 - 60 a.C.):

Trinca, misero amante, che il dio dell'oblio quella fiamma
assopirà che per un bimbo t'arde.
Trinca, una coppa ricolma di vino tracanna, e dal cuore
cacciala via quella tua pena odiosa![34]

C'era anche chi, come Antifane (circa 388- 311 a.C.) suggeriva tuttavia moderazione: «Se un uomo beve continuamente si istupidisce. Solo se beve moderatamente si riempie di nuove idee».

D'altra parte Dioniso aveva donato il vino agli uomini ma rimane il dubbio se li avesse anche istruiti sul modo in cui servirsi del tanto prezioso dono: difatti esso doveva essere necessariamente mescolato all'acqua (anche perché il vino utilizzato dai Greci presentava un'altissima gradazione alcolica). Nonostante questo c'era chi lo beveva puro.

Alessandro Magno ad esempio era uso a straviziare. Per lo stesso motivo si diceva fosse impazzito Cleomene, lo Spartano, il quale era vissuto molto con gli Sciti, prendendo l'abitudine di berlo così.

Insomma non mancava neanche tra i Greci qualche beone che non s'atteneva alle buone regole; specie tra i servi, come ci ricorda Aristofane (circa 450-388 a.C.) nella sua commedia *1 cavalieri:*

II servo: *Come si potrebbe morire più virilmente? Il modo migliore sarebbe quello di bere sangue di toro; la morte di Temistocle è certo la più desiderabile.*
I servo: *Eh no, per Giove! Meglio bere vino puro in onore del buon genio. Così vengono le buone idee.*
II servo: *Già, del vino puro! Si tratta dunque di bere, secondo te. Ma come può un ubriaco escogitare qualche cosa di buono?*
I servo: *Tu non credi, amico? Chiacchierone annacquato che non sei altro! Disprezzare il vino nelle sue qualità inventive! Ma che cosa potresti trovare che ti renda più del vino? Quando gli uomini bevono, allora sì che diventano ricchi, riescono negli affari, vincono le cause, sono felici e aiutano gli amici! Fila! Corri a prendermi un boccale che mi ristori lo spirito e mi suggerisca qualche saggia idea.*
II servo: *Ahimè, che ci combinerai col tuo bere?*
I servo: *Cose buone. Tu portami il vino; io intanto andrò a sdraiarmi. Se poi mi ubriaco spruzzerò tutto intorno consigliuzzi e sentenzine e ideuzze.*[35]

A proposito di questo scambio di battute vale la pena ricordare che, con l'espressione "bere alla scita" si soleva indicare il bere vino puro, tipico dei popoli non civili, al contrario dei Greci che il vino usavano mischiarlo con acqua, e berlo "con misura", come ricorda il già citato Anacreonte che però afferma, dopo aver raccomandato di non comportarsi "com'è l'uso degli sciti", d'aver "tracannato" un'anfora di vino:

L'acqua, il vino, o ragazzo, e ghirlande di fiori!
Porta tutto: con Eros
voglio fare a pugni.[36]

Presto, ragazzo, una coppa!
Un brindisi, d'un fiato!
Mesci dieci mestoli
d'acqua, cinque di vino:
ch'io voglio baccheggiare
ma senza esagerare.

E non con schiamazzi!

Non tracanniamo, come è l'uso degli Sciti!
Sorseggiamo, fra dolci musiche.[37]

Con un pezzetto d'una focaccina ho cenato;
ho tracannata un 'anfora di vino.
Ora suono dolcemente
La mia cetra d'amore;
alla fanciulla diletta faccio la serenata.[38]

Non urlar come l'onda marina
con quella fracassona
di Gastrodora,
tracannando il vino dalla gran coppa.[39]

Quando si doveva annacquare il vino si usava prima mettere l'acqua e poi aggiungere il vino. Nella sala del triclinio vi era sempre una tavola sulla quale veniva disposta tutta la suppellettile del simposio: le brocche per il vino dette *oinochoe,* quelle per l'acqua, gli attingitoi, i misurini, le coppe ed il grande recipiente nel quale si preparava la mistura. Questi corredi per il simposio erano a volte ricchissimi e foggiati in materiale prezioso. Le modalità ce le ricorda Senofane (570 - 475 a.C.):

Ora, certo, il pavimento è lustro, e pure le mani di tutti e le coppe: uno ci avvince il capo d'intrecciate corone; un altro porge in una tazza odoroso unguento; un cratere ricolmo di serenità è stato disposto; nelle anfore è pronto un vino il quale promette di non venire a mancare, dolce, olezzante di flore; in mezzo ai convitati l'incenso innalza il suo sacro odore; [...]. E un dovere per uomini sereni innalzare prima di tutto un inno alla divinità [...] ma dopo aver libato e aver pregato di riuscire a compiere azioni giuste [...] non è sconveniente bere tanto da poter ritornare a casa, quando non si sia tanto vecchi, senza l'aiuto del servo [...]. [40]

Le proporzioni nelle quali bisognava mescolare l'acqua con il vino venivano stabilite volta per volta da uno dei convitati eletto dai suoi commensali alla carica di simposiarca. Questo direttore del simposio fissava anche il numero e la modalità dei brindisi. Le diluizioni preferite, dopo aver scartato quella metà acqua e metà vino, che era ancora giudicata pericolosa per la salute, erano quelle che venivano chiamate a cinque e a tre. La proporzione di cinque era formata da tre parti d'acqua e due di vino; quella a tre era invece formata da due parti di acqua per una di vino. Esisteva anche quella a quattro, ma questa mistura, molto annacquata, veniva da Plutarco definita come buona soltanto per saggi magistrati.

D'inverno il vino veniva diluito con acqua calda,

d'estate con quella fredda. Quando faceva molto caldo si usava la neve che veniva presa sulle pendici dell'Olimpo.

Si apprezzava maggiormente un vino leggermente maturo piuttosto che troppo giovane, come ci testimonia Simonide (555 - 467 a.C.):

Vino nuovo non vince
il dono della vite
che è già di un anno.
Queste son ciarle di giovani stolti.[41]

In generale si consigliava pure di non bere molto. Lo sosteneva anche **Eubulo,** commediografo e poeta comico ateniese del IV secolo a.C., in una sua commedia fa dire allo stesso Dioniso che le persone morigerate bevevano soltanto tre coppe:

Tre coppe di vino, non di più
stabilisco per i bevitori assennati:
la prima per la salute di chi beve;
la seconda risveglia l'umore e il piacere;
la terza invita al sonno.
Bevuta questa, chi vuole essere saggio
se ne torna a casa.
La quarta non è più nostra. E' fuori misura.
La quinta urla;
sei significa ormai schiamazzi;
sette: occhi pesti;
otto: arriva la guardia;
nove: sale la bile;
dieci: si è perso il senno,
si cade a terra senza sensi.
Il vino versato troppo spesso in una piccola tazza

taglia le gambe al bevitore.[42]

Visti gli effetti appena elencati, nonostante la forte diluizione, il vino prodotto a quelle epoche doveva avere una forte gradazione alcoolica.
Naturalmente non tutti seguivano questi saggi consigli. Tra essi sicuramente vi è Alceo (VII sec. A.C.) che in occasione della morte di Mirsilo, tiranno di Mitilene, invitava a lasciarsi andare alla sfrenatezza dionisiaca:

Era ora! Bisogna prendere la sbornia.
Si beva a viva forza: è morto Mirsilo! [43]

Per Alceo la vita è breve e incerta, e il vino è un ottimo compagno:

Melanippo, ubriacati con me.
Sceso di là dai gorghi d'Acheronte, oltre il varco,
rivedrai questa luce chiara? tu lo credi?
Lascia, non sognare.
Anche Sisifo, figlio d'Èolo, un re,
alla morte sognava scampo. Era saggissimo,
ma saggezza non valse: una volta, un'altra volta
di là dai gorghi d'Acheronte il fato
lo trasse, e là, sotto la terra nera, il re figlio di Crono
gli dà supplizio enorme. Lascia, non pensare
- siamo giovani - al mondo di laggiù.
Ora, quale che sia la sorte, a noi s'addice bere. [...][44]

Un compagno soprattutto per l'inverno:

Piove. Il cielo trabocca di tempesta.
Fiumi rigidi, ghiacci.

Fiacca l'inverno: attizza
il fuoco e mesci senza più misura
vino di miele.
Fascia le tempie d'una lana soffice.[45]

E un farmaco miracoloso contro le sventure:

Alle sventure non cediamo l'anima!
Biechi, non gioverà
questo tedio d'esistere. Il migliore
farmaco è il vino: prendere una sbornia. [46]

Insomma, occorre bere, avendo però cura di rispettare le proporzioni nella mescita di vino e acqua:

Beviamo! Perché attendere i lumi? Il giorno vola.
Prendi le coppe grandi variopinte, amico.
Il vino! Ecco il dono d'oblio
del figliolo di Sèmele e di Zeus.
E tu versa, mescendo con un terzo due terzi,
e le coppe trabocchino,
e l'una spinga l'altra.[47]

D'altra parte il proverbio "in vino veritas" è stato attribuito proprio ad Alceo e si riferiva all'azione del vino quale forza liberatrice da ogni falso ritegno; a dire la nuda verità così com'è nuda la natura, senza infingimento alcuno, vivendo pigramente e senza troppe restrizioni:

Bagna il petto di vino, che volge la stella.
Tempo grave. Nell'afa arde tutto di sete.
Suona di tra le foglie dolce la cicala ...
E il cardo infiora.

Allupate le donne,
uomini smunti: all'alido di Sirio
è un risucchio nel capo e nelle gambe.[48]

Quello che è certo è che il vino greco era considerato il migliore del mondo antico e spesso si cercò di imitarlo. Catone, Varrone, Columella e tutti gli scrittori antichi che si occuparono di agricoltura diedero ricette e consigli per "fare vino greco" il quale, pare, si ottenesse mescolando al mosto una certa quantità di acqua di mare: a quel che si diceva ciò rendeva il vino più dolce.

Trattato a questo modo era il Myndio, tanto che il cinico Menippo stigmatizzava gli abitanti di Myndo come bevitori di acqua marina; c'era poi il vino di Alicarnasso ed anche quello di Coos nel quale l'aggiunta era notevole mentre meno se ne metteva in quello di Rodi.

Si diceva che i vini trattati con acqua di mare non causassero mai mal di testa, fossero lassativi, ridestassero i succhi gastrici ed aiutassero la digestione.

Insomma avrebbero dovuto essere un vero e proprio toccasana.

Uno dei migliori vini greci era il rosso di Chio. Cera poi il Thasio che doveva essere particolarmente corroborante se un oscuro autore così ne scrisse:

Riempi la mia coppa di vino thasio,
poiché non importa quale sia la cura
che tortura il mio animo;
quando lo bevo il mio cuore guarisce
istantaneamente.[49]

Molto quotato era anche il Pramnio di Lesbo. Clearco

esclamava «Vino di Lesbo che deve esser stato fatto dallo stesso Marone» (Marone era il prete di Apollo che diede ad Ulisse il suo vino) ed Alexis «Non c'è vino altrettanto piacevole da bere quanto un bicchiere di Lesbo» ed aggiungeva «Bromio fu generoso, poiché permise a coloro che qui lo importano di non pagare dogana». Anche Archestrato parlava di vini ed anche lui consigliava il Lesbo invecchiato. Archestrato naturalmente non si fermava a questo: egli, non era soltanto un grande gastronomo, ma anche un gran viaggiatore che aveva girato il bacino del Mediterraneo sperimentandone tutte le varie specialità, assaggiando ogni pietanza e gustando ogni vino. Il vino di Lesbo, secondo Archestrato, era un vino superlativo: egli poteva anche ammettere che esistessero altri vini buoni, ma affermava che nessuno di essi reggeva il suo confronto. Ermippo invece non era di questa opinione e metteva in bocca allo stesso Dioniso le lodi del vino Thasio «[...] su cui aleggia il profumo delle mele [...]». Per lui esso era il migliore di tutti i vini, eccetto naturalmente quello di Chio, il vino per eccellenza, completamente privo di difetti ed inoltre molto salubre.[50]
Molto apprezzati pare fossero anche i vini di Nasso ed Archiloco (Paro, 680 a.C. circa-645 a.C. circa), che di vino se ne intendeva, sembrerebbe si riferisse proprio a quei vini quando scriveva:

Un bel canto so intonare, di Dioniso re: si chiama ditirambo: il vino m'ha folgorato l'anima.[51]

Archiloco fu marinaio e mercenario, abituato ad una vita senza inutili fronzoli ma con molto vino consolatore dei poveri e degli inquieti:

e bevendo vino puro in quantità
non hai dato contributi come fanno a Micono;
sei venuto senza invito, come amico dagli amici.
E la pancia t'ha stravolto l'equilibrio
al di là della decenza.[52]

Sulle navi egli visse e morì. Sempre confortato da forti bevute:

gira con quel bicchiere per la nave. Avanti!
Stappa gli orci panciuti e spilla il vino
Rosso, fino alla feccia. Siamo di fazione:
non vorrai che si resti senza bere.[53]

Di alcuni vini si registrano idee e caratteristiche tanto assurde quanto stravaganti.
Cosi Teofrasto nella sua storia delle piante raccontava che ad Erea in Arcadia si produceva un vino che causava pazzia negli uomini che lo bevevano, mentre metteva incinte le donne che si azzardavano a gustarlo.

È vero che vi era poi un altro vino, il Trezenio, al quale si attribuiva la capacità d'impedire la fecondazione, ed un altro che faceva abortire (pare che bastasse mangiare un grappolo dell'uva con la quale esso si produceva per ottenere questo effetto). A Tasos gli abitanti erano poi persino riusciti a produrre un vino che teneva svegli ed un altro che faceva dormire. Sarà forse per questo che il vino era elemento essenziale in uno dei più importanti eventi sociali dell'antica Grecia, il simposio (letteralmente "bere insieme"), che si svolgeva in una sala, solitamente di dimensioni ridotte, in cui erano generalmente ospitati dai sette agli undici partecipanti, sdraiati su dei sofà, ai quali veniva servito il vino. Tali cerimonie si diffusero anche in Italia e la loro popolarità rimase intatta praticamente fino alla fine dell'era antica.

Il vino (che, come già si diceva, non veniva consumato puro, bensì mescolato ad acqua) era contenuto nel "cratere", cioè il vaso comune, l'oggetto in cui avveniva materialmente la diluizione con l'acqua, posto al centro della sala. Il delicato compito della diluizione spettava al "simposiarca", il maestro di cerimonia, che aveva anche il compito di regolare lo svolgimento del rito, stabilendo il momento in cui si doveva bere il vino e in che quantità.

Il simposio era un evento della vita sociale greca in cui persone della stessa estrazione si riunivano in un momento di vita consociata allo scopo di scambiarsi idee e opinioni riguardo a vari argomenti, e un luogo di riflessione dove si sviluppava la memoria collettiva, poetica e visiva, accompagnando le discussioni con cibo e vino.

Ma la conclusione di questa parte dedicata al vino e ai suoi poeti dell'antica Grecia si è voluta riservare, non a caso, ad Omero che fu sicuramente il più grande poeta della sua terra. Sia nell'*Iliade* che nell'*Odissea* possiamo individuare molti riferimenti ai vini e al modo di bere di quei tempi lontani. Possiamo anzi dire che il vino scorre tanto abbondante fra i versi dei poemi omerici che Orazio trovò fondato assegnare al cantore greco l'appellativo di *Vinosus Homerus.*

Quando Omero racconta delle città d'origine dei capi degli Achei, e ne descrive gli svariati pregi, non trascura fra questi la presenza di viti rigogliose e traccia così qualche linea del quadro geografico della distribuzione dei vigneti: "Arne dai molti grappoli d'uva... Istiea ricca di vigne... Epidauro ricca di vigneti...". Omero nomina anche Pramno, luogo famoso per il suo vino che, mescolato a droghe, viene offerto dalla maga Circe ai compagni di Odisseo per allettarli, prima di trasformarli in porci:[54]

Per loro mescolava formaggio e farina d'orzo e miele verde con vino di Pramno [...]. (Libro X, 233-234)

Quando poi Omero narra della bellezza dell'isola di Ogigia, in cui Odisseo visse per sette anni con la ninfa Calipso, racconta come fra la rigogliosa vegetazione di ontani, pioppi e cipressi profumati:

[...] si stendeva vigorosa con i suoi tralci intorno alla grotta profonda la vite domestica: era tutta carica di grappoli. (Libro V, 68-69)

Anche ad Itaca, per quanto aspra e non molto vasta,

[...] vi è frumento in abbondanza, vi è vino [...] (Libro XIII, 244)

Dopo molti anni di assenza, al suo ritorno in patria, per convincere il padre Laerte della propria identità, Odisseo gli ricorda i tempi della fanciullezza quando andava con lui per i poderi ed imparava i nomi delle piante e, come prova certa di essere il figlio tanto atteso, Odisseo rievoca con precisione i doni che il padre gli aveva fatto tanto tempo prima, ed enumera (Libro XXIV, 339-344):

Mi regalasti tredici peri e dieci meli, e quaranta fichi: e mi promettesti così di darmi cinquanta filari, ciascuno aveva la sua vendemmia in epoche diverse - là in alto ci sono grappoli d'uva d'ogni sorta e coloratura, quando le buone stagioni di Zeus li maturano.

Numerosissimi quindi i versi dell'*Y Odissea* in cui il vino è co-protagonista. Tra questi se ne propongono alcuni che si ritengono particolarmente rappresentativi.
Quando, fermatosi nell'isola chiamata Scheria (forse l'attuale Corfù), come ospite presso Alcinoo, re dei Feaci, Ulisse viene invitato a un banchetto in suo onore e racconta le sue avventure nella terra dei Ciclopi (Libro IX, 439-462):

Allora io trassi avanti, e, in man tenendo
d'edra una coppa: "Te', Ciclope," io dissi:
"poiché cibasti umana carne, vino
bevi ora, e impara, qual su Tonde salse
bevanda carreggiava il nostro legno.
Questa, con cui libar, recarti io volli,
se mai, compunto di nuova pietade,
mi rimandassi alle paterne case.
Ma il tuo furor passa ogni segno. Iniquo!
chi più tra gl'infiniti uomini in terra
fia che s'accosti a te? Male adoprasti".
La coppa ei tolse, e bebbe, ed un supremo
del soave licor prese diletto,
e un'altra volta men chiedea: ''Straniero,
darmene ancor ti piaccia, e mi palesa
subito il nome tuo, perch'io ti porga
l'ospitai dono che ti metta in festa.
Vino ai Ciclopi la feconda terra
produce col favor di tempestiva
pioggia, onde Giove le nostre uve ingrossa:
ma questo è ambrosia e nettare celeste".
Un 'altra volta io gli stendea la coppa.

Tre volte io la gli stesi; ed ei ne vide
nella stoltezza sua tre volte il fondo.

E sempre nel libro IX (vv. 245-272) dedica un lungo passo al vino di Marone:

Lascio i compagni della nave a guardia,
e con dodici sol, che i più robusti
mi pareano e più arditi, in via mi pongo,
meco in otre caprin recando un negro
licor nettàreo, che ci diè Marone
D'Evanteo figlio, e sacerdote a Febo,
cui d'Ismaro le torri erano in cura.
Soggiornava del Dio nel verde bosco,
e noi, di santa riverenza tocchi,
con la moglie il salvammo e con la prole.
Quindi ei mi porse incliti doni: sette
talenti d'or ben lavorato, un'urna
d'argento tutta, e dodici d'un vino
soave, incorruttibile, celeste,
anfore colme; un vin ch'egli, la casta
moglie e la fida dispensiera solo,
non donzelli sapeanlo, e non ancelle.
Quandunque ne bevean, chi empiea la tazza,
venti metri infondea d'acqua di fonte,
e tal dall'urna scoverchiata odore
spirava, e sì divin, che somma noia
stato sarìa non confortarne il petto.
Io dell'alma bevanda un otre adunque
tenea, tenea vivande a un zaino in grembo:
ché ben diceami il cor quale di strana
forza dotato le gran membra, e insieme

debil conoscitor di leggi e dritti,
salvatic'uom mi si farebbe incontra.

Nel Libro XIII (vv. 68-81), terminato il racconto delle proprie avventure, Ulisse si congeda dai Feaci ed il rito della libagione accompagna il saluto degli ospiti:

Ed Alcinoo all'araldo allor tai detti:
"Pontònoo, il vino mesci, e a tutti in giro
porgilo, acciò da noi, pregato Giove,
s'accomiati oggimai l'ospite amico".
Mescè l'araldo il vino, e il porse in giro:
e tutti dai lor seggi agl'immortali
Numi libaro. Ma il divino Ulisse
sorse, e d'Arète in man gèmina pose
tazza rotonda, e tai parole sciolse:
"Vivi felice i dì, regina illustre,
finché vecchiezza ti sorprenda e morte,
comun retaggio degli umani. Io parto;
te del popol, de' figli e del marito
il rispetto feliciti e l'amore".

Nel Libro XX (vv. 303-320) Ulisse è ormai nella reggia d'Itaca, la sua reggia, dove i Proci la fanno da padroni, gozzovigliando:

I Proci entraro nel palagio, e i manti
sovra i seggi deposero: le pingui
capre e i montoni s'immolaro, corse
de' verri il sangue, e la buessa, onore
dell'armento, cadé. Furo spartite
le abbrustolate viscere, e mesciuto

nell'urne il rosso vino. Eumèo le tazze,
Filezio i pani dispensò ne' vaghi
canestri: ma dall'urne il buon licore
Melanzio nelle ciotole versava.
E già i prenci volgeano all'apprestate
mense il pensier, quando d'Ulisse il figlio,
non senza un suo perché seder fé' il padre
presso il marmoreo limitar su rozzo
scanno, ed a picciol desco; e qui una parte
gl'imbandì delle viscere, e gl'infuse
vermiglio vino in tazza d'oro, e tale
parlò: "Tu pur siedi co' prenci, e bevi".

Ma le nefandezze gozzovigliatrici dei Proci hanno i minuti contati, e difatti nel Libro XXII (vv. 11-15) si racconta dell'apprestarsi della vendetta d'Ulisse, mentre il capo dei Proci, inconsapevole, continua a libare:

[...] Antìnoo una leggiadra
stava per innalzar coppa di vino
colma, a due orecchie, e d'oro; ed alle labbra
già l'appressava: né pensier di morte
nel cor gli si volgea [...]

Anche *l'Iliade è* ricca di passi in cui il vino è autorevole ospite, tanto che il famoso e ambito vino di Lemno viene anche dato in premio agli Achei per aver costruito in breve tempo un grande muro al fine di difendere le navi dall'attacco dei Troiani (Iliade, libro VH, 467-471):

Erano là a riva molte navi, venivano da Lemno
con un carico di vino. Le inviava Euneo [...]
A parte poi, per gli Atridi Agamennone e Menelao,

aveva mandato mille misure di vino.

Tuttavia ci si limiterà a ricordare la straordinaria descrizione dello scudo d'Achille forgiato dallo stesso Efesto, contenuta nel XVIII canto (vv. 474 - 607), limitatamente alla parte che più c'interessa per veder confermato ancora una volta, se mai ce ne fosse bisogno, il rapporto dei Greci con la terra, la vigna e il vino, tanto da farne oggetto d'illustrazione nello scudo dell'eroe per eccellenza:

[...] *e bronzo inconsumabile gettò nel fuoco, e stagno,*
oro prezioso e argento; e poi
pose sul piedistallo la grande incudine, afferrò in mano
un forte maglio, con l'altra afferrò le tanaglie.
E fece per primo uno scudo grande e pesante,
ornandolo dappertutto; un orlo vi fece, lucido,
triplo, scintillante, e una tracolla d'argento.
Erano cinque le zone dello scudo, e in esso
fece molti ornamenti coi suoi sapienti pensieri.
[...]
Il re fra costoro, in silenzio,
tenendo lo scettro, stava sul solco, godendo in cuore.
Gli araldi in disparte sotto una quercia preparavano il pasto,
e ucciso un gran bue, lo imbandivano; le donne
versavano, pranzo dei mietitori, molta bianca farina.
Vi pose anche una vigna, stracarica di grappoli,
bella, d'oro; i grappoli neri pendevano:
era impalata da cima a fondo di pali d'argento;
e intorno condusse un fossato di smalto e una siepe
di stagno; un solo sentiero vi conduceva,
per cui passavano i coglitori a vendemmiare la vigna;

fanciulle e giovani, sereni pensieri nel cuore,
in canestri intrecciati portavano il dolce frutto
e in mezzo a loro un ragazzo con una cetra sonora
graziosamente sonava e cantava un bel canto
con la voce sottile; quelli battendo a tempo,
danzando, gridando e saltellando seguivano. [55]

VINO E POESIA NEL MONDO ROMANO

Il vino dei sensi

Come già detto nel capitolo precedente dalla Grecia si diffuse la coltivazione della vite in Sicilia, in Puglia, in Campania, in Toscana, nel Lazio, fino ad arrivare all'antica Rezia, quella vasta regione che abbracciava Trentino, Valtellina e Friuli.
D'altra parte i semi di vite trovati nelle tombe del Chianti induce a ritenere che gli Etruschi portarono questa pianta dall'oriente e l'acclimatarono in Italia, sebbene reperti di travertino affiorati nella zona di San Vivaldo, dove furono ritrovate impronte fossili della *vitis vinifera,* farebbero pensare che la vite in quella zona fosse spontanea. In ogni caso gli Etruschi, nell'uso del vino, misero la loro creatività, "inventando", già nel VII secolo, la *patera,* una coppa ovoidale con due manici per poterla portare alle labbra.
Anche presso gli Etruschi (così come nella maggior parte delle popolazioni antiche) il culto del vino si fondeva tanto con i riti legati alla spiritualità quanto con la vita quotidiana. Col vino si onoravano i morti, insieme alla danza e al suono dei flauti. Soprattutto nel ceto aristocratico erano diffuse pratiche religiose in onore di *Fufluns* (Bacco), il dio del vino. Questi riti segreti e strettamente riservati agli iniziati, grazie all'ebbrezza provocata dalla bevanda, avevano il fine di raggiungere la "possessione" del dio nel mondo terreno, garantendo così in anticipo una sorte felice nell'aldilà.
Sugli affreschi ritrovati nelle tombe etrusche, si ammirano coppie che brindano e su di un vaso di bucchero ritrovato a Chiusi, è possibile vedere una donna che porge un *cantaro* a due uomini che giocano a dadi seduti al tavolo. Infatti, contrariamente a quanto avveniva presso i Romani, dove

ciò era considerato licenzioso e prova di scarsa moralità, le donne etrusche godevano di enorme libertà, potevano bere vino e perfino partecipare ai banchetti conviviali, adagiate sui *klinai* accanto al loro uomo. In affreschi tombali tarquinesi, si osservano i convitati che al termine del banchetto, sdraiati sui *klinai,* a turno lanciano il vino contenuto in una coppa contro un piattello metallico tenuto in equilibrio su un'asta alta circa due metri. Probabilmente il fine era quello di ottenere dei suoni che venivano poi imitati. Il gioco, noto come il *kottaboi,* richiedeva una particolare destrezza. Alla fine al vincitore veniva assegnato un premio.

Fra i tanti oggetti rinvenuti nei corredi funerari, è stata ritrovata una piccola grattugia di bronzo, usata probabilmente dagli Etruschi per preparare una delizia simile al *kykeion,* la mistura bevuta dagli eroi omerici. Degustata come aperitivo, veniva preparata con vino forte, orzo, miele e con l'aggiunta di formaggio grattugiato.

I piaceri del vino etrusco furono cantati da poeti antichi, quali Plinio e Virgilio. Ecco ad esempio un passo delle Georgiche (II, 173) dove Publio Virgilio Marone celebra la ricca terra di Etruria, fertile d'uva e di vino:

Salve, grande genitrice di messi, terra Saturnia, grande madre di eroi [...].
Ma il suolo grasso e ricco di fecondi umori
e il campo coperto d'erba, fertile e ubertoso [...]
ti offriranno un giorno viti rigogliose e fluenti
di molto Bacco [...][56]

Plinio, nell'inventario dei vitigni italiani, parla anche di quelli coltivati nell'area etrusca, dove troviamo la *Sopina,* vitigno dai tralci rovesciati; l'*Etesiaca,* vite precoce e ingannatrice poiché, più produce, tanto migliore è il vino; la *Talpona,* varietà nera che dà un mosto bianco; le *Alpiane,* che danno un vino molto dolce, inebriante, adatto alla produzione del *passum* (passito) "lasciando dorare a lungo al sole sulla pianta i grappoli o immergendoli in olio bollente", e infine la *Conseminia,* varietà a bacca nera e a maturazione tardiva che probabilmente era una associazione di piante diverse (il suo vino si conservava pochissimo, l'uva molto di più, ed era infatti anche molto usata come uva da tavola).

Il primo mosto ottenuto dalla vendemmia veniva in genere consumato subito, mentre il restante veniva versato in contenitori di terracotta con le pareti interne coperte di pece o di resina. Il liquido veniva lasciato riposare, schiumato per circa sei mesi e a primavera, infine, poteva essere filtrato e versato nelle anfore da trasporto. Il liquido così ottenuto veniva quindi mescolato, all'interno di crateri, con acqua e miele, e travasato nelle coppe dei commensali.

Il vino prodotto e bevuto dagli Etruschi era denso, fortemente aromatico, a elevata gradazione alcolica. Sembra che essi amassero, così come i Greci e poi i Romani, un vino particolarmente dolce, del tutto simile al moscato, ottenuto con l'apporto di miele. Con l'aggiunta della pece, invece, si otteneva il *vinum picatum,* mentre, in occasione di alcuni banchetti particolari, al vino venivano mischiate delle droghe, ottenendo così dei potenti afrodisiaci.

Particolarmente appassionati del vino etrusco furono i Celti, gli antichi abitatori della Gallia meridionale. Dell'amore di questo popolo per il vino scrive Plutarco: pare che essi, avendo assaggiato per la prima volta il nettare, furono talmente entusiasti del suo sapore inebriante che presero armi e famiglie e si diressero verso le Alpi per cercare la terra che produceva un simile frutto, a confronto della quale il resto del mondo sembrava loro sterile e selvaggio.

Da quel momento inizia il commercio con le popolazioni galliche. Nelle tombe celtiche principesche è numeroso il materiale etrusco rinvenuto. Nei banchetti, i principi celti utilizzavano infatti lo stesso vasellame da vino che si usava in Etruria.

I vasi contenenti il vino erano poi utilizzati come urne cinerarie dove ossa calcinate e vino etrusco erano volontariamente mescolati.

Altra particolarità: già ai tempi degli Etruschi esisteva la pratica di usare il vino come ingrediente per cucinare.

Ci sono testimonianze che raccontano come il vino fosse utilizzato anche come conservante dei cibi e in modo particolare della carne: lasciata immersa nel vino per molte ore, talvolta anche giorni, la carne veniva, così, marinata. Ben presto si cominciò anche a cuocere con il vino per dare maggiore sapore alle pietanze.

I Romani, nei loro rapporti politici, economici e culturali con gli Etruschi, appresero le tecniche vitivinicole fin dall'epoca dei primi re. Dopo la conquista del Lazio e la fine delle guerre puniche, la viticoltura si sviluppò al punto da indurre Catone il Censore (234-149 a.C.) a suggerire, come norma nell'acquisto di un buon podere, di dare importanza prioritaria alla vite e quindi, prima dell'olivo, alla coltivazione dei salici per produrre i vimini necessari per le legature dei tralci. Tuttavia, presso i Romani la vinificazione assunse fondamentale importanza solo dopo la conquista della Grecia, da cui appresero l'uso di mischiare il vino con l'acqua. Ne *La vite dell'occidente (Le Odi,* Libro 1,18), Quinto Orazio Fiacco, fa espresso riferimento alla trasformazione in atto nel mondo romano:

La vite santa tu seminerai
la prima, Varo, intorno
la tua terra di Tivoli matura
e le mura di Càtilo.
C'è un Dio che aspra vuole
la vita a chi non beve:
solo con lei l'angoscia si disperde.
Nel vino non è grido
duro di armi e miseria, è voce
di Dioniso padre e amore
di bellezza. Non oltrepassare
il dono di quel sobrio affrancatore.
Lo ammonisce la rissa dei Centauri
e dei Làpiti, guerra sopra tanto
vino, e i Sitonii dannati nella brama
quando l'orgia confonde il bene e il male.
Tu non lo vuoi, Dioniso luminoso,
io non ti agiterò, ciò che si cela
tra il fogliame diverso io non vorrò
rapirlo nella luce. E tu ferma
il suono del corno berecinzio, ferma
le nacchere che battono crudeli.
C'è passione di sé ardua, accecata,
luce di se superba verso il vuoto
e nella trasparenza del cristallo
c'è troppo tradimento di segreti.[57]

I Romani erano a conoscenza delle proprietà battericide del vino e lo portavano nelle loro campagne militari come bevanda dei legionari. Plutarco racconta che Cesare distribuì vino ai suoi soldati per debellare una malattia che stava decimando l'esercito. Ma, oltre alla funzione medicamentosa, il vino era ritenuto un elisir che favoriva le indomite passioni amorose. Lo ricorda Publio Ovidio Nasone (43 a.C.-18 d.C.) ne *L'arte di amare* (vv. 330-373) senza trascurarne gli effetti ingannatori:

Mille occasioni ti daranno poi
mense e banchetti, ove potrai cercare
oltre al solito vino i tuoi capricci.
Sovente Amore qui, rosso di fiamma,
potè umiliare tra le molli braccia
le dure corna a Bacco ebbro di vino;
ma quando il vino poi l'ali ad Amore,
sempre assetato, ha intriso, allora il dio
soggiace greve e non sa più volare:
scrolla invano da sé l'umide penne,
ed è rischioso l'esserne spruzzati.
Appresta il vino i cuori e alla passione
li fa più pronti: sfumano i pensieri;
nel molto vino ogni penar si stempra.
Risorge allora il riso, ed anche il povero
alza la fronte: dalla fronte
fugge ogni ruga, ogni affanno, ogni dolore.
Sincerità spalanca a tutti i cuori,
oggi tra noi sì rara; menzogna
scuote da noi il dio. Sovente allora
ai giovani rapì la donna il cuore,
e fu nei vini come fiamma Amore

dentro la fiamma. Ma non ti fidare
troppo d'un lume incerto di lucerna:
la notte e il vino nuocciono al giudizio
della vera bellezza. In piena luce
guardò le dee Paride, allorquando
disse a Venere: «Tu, Venere, vinci
e Luna e l'altra! ». Sfuma nella notte
ogni difetto e non ha peso alcuno:
le donne al buio sono tutte belle.
Chiedi alla luce se una gemma è pura,
se ben tinta di porpora è una lana;
al giorno chiedi se una donna vale...[58]

Nel periodo compreso tra Catone e Plinio il Giovane (61-113 d.C.) la vitivinicoltura raggiunse livelli molto elevati e il vino era consumato anche in locali pubblici di vendita (i *thermopolia).* Molto rilevante era l'esportazione, tanto che il porto di Ostia divenne un vero emporio vinario. Ma già agli inizi dell'età imperiale la viticoltura era molto estesa e praticata anche in terreni fertili per ottenere più elevate produzioni, necessarie per soddisfare l'esportazione e l'aumento del consumo interno. La conseguente riduzione di altre coltivazioni, quali quella dei cereali, secondo quanto riferisce Svetonio nel *De vita Caesarum,* indusse Domiziano a vietare nel 92 d.C. la costituzione di nuovi vigneti e imporre lo spiantamento della metà delle vigne esistenti nelle *provinciae* romane.

Il progresso tecnico vitivinicolo venne illustrato e favorito anche da un'ampia letteratura, la quale si arricchì delle conoscenze ed esperienze di altri popoli del Mediterraneo raggiungendo livelli significativi con opere importanti di autori illustri: Catone, nel *De Agricoltura,* espose il patrimonio di conoscenze accumulate in cinque secoli. Varrone lo fece nella *Res rusticae.* Virgilio nel IV libro delle *Georgiche* esortava i Romani alla vita agricola. Plinio il Vecchio nella *Naturalis Historia,* dedicò interi capitoli alla potatura delle viti, alla concimazione, alle malattie, sino al numero e alle qualità dei vitigni, così come nel *De re rustica* di Columella, sono esposti anche concetti biologici e direttive tecniche ancora oggi considerati validi ed efficaci. Notevole era anche il patrimonio varietale, suddiviso in vitigni da tavola e da vino, quest'ultimi distinti in tre classi a seconda della qualità del vino ottenibile. Columella indicava 58 vitigni, di cui 12 da tavola; Plinio distingue tra circa 80 vini di alta qualità, destinati alla nobiltà, e un centinaio di vini di media e bassa qualità, destinati per lo più alla plebe. Della provenienza di alcuni vini ne fa cenno Filippo di Tessalonica (I secolo d.C.) nei suoi *Epigrammi:*

(IX, 247)
Un platano ero tutto rigoglio, ed i soffi di Noto
dalle radici svelto mi protesero al suolo.

Ma poi risursi, irrorato di vino; e una pioggia più dolce
della pioggia di Giove m'ebbi l'estate e il verno.
Vita per me fu così la morte: ch'io di Bromio
m'abbeverai: caduti son gli altri, in piedi io resto.

(IX, 232)
Il collo d'un boccale dell'Adria ero un tempo, e squillavo
dolce, allorché chiudevo l'umor di Bacco in grembo.
Adesso, infranto, a un nuovo germoglio di vita riparo
saldo giaccio, che in folta pergola si diffonde.

Di Bacco sempre servo son io: fido asilo gli porsi
quand'era vecchio: adesso lo nutrisco fanciullo.[59]

Secondo le tecniche dell'epoca, i vendemmiatori insieme ai portatori staccavano i grappoli con un falcetto, li raccoglievano in cesti adatti per essere trasportati su carri, su animali da soma o sulle spalle degli schiavi. Dopo la vendemmia si selezionava l'uva a seconda che venisse impiegata per essere consumata a tavola o per vino di buona qualità, o ancora per vino mediocre destinato agli schiavi.

Le uve venivano pigiate all'aperto, talvolta sotto una tettoia; solo più tardi fu creato un apposito locale chiamato *calcatorium* in cui le uve venivano schiacciate in vasche di pietra o legno. La prima spremitura produceva il mosto vergine, *lixivium,* che veniva servito insieme al miele come aperitivo, poi avveniva la pigiatura vera e propria ad opera dei *calcatores* che, reggendosi su appositi bastoni, saltellavano spesso al ritmo di strumenti musicali. Il mosto ottenuto, il *calcatum,* e il *lixivium* venivano raccolti in grandi vasi, mentre le vinacce andavano al torchio dal quale veniva estratto un mosto tanninico con cui si produceva un vino scadente chiamato anche *circumsitum.* Dalle vinacce rimaste, con l'aggiunta di acqua, si otteneva invece il vinello.

Il mosto raccolto nel *dolium* fermentava e dopo pochi giorni, o a volte anche un mese, i vini pregiati venivano raccolti in recipienti più piccoli, mentre gli altri rimanevano a fermentare fino al momento del consumo.

La raccolta per i vini da invecchiamento avveniva in

primavera e questi venivano degustati dagli assaggiatori e classificati in base al sapore e al colore. Tali vini erano portati in un locale chiamato *aphoteca* situato nel piano alto degli edifici, sopra le cucine e i bagni, in modo che il fumo e il calore provenienti dai fuochi accesi per cucinare o scaldare l'acqua ne accelerassero la stagionatura.

Un altro metodo era quello di esporre i vasi al sole. I vini già maturi venivano portati poi nel *tabulatum,* generalmente un locale fresco. Il vino di maggio, ancora giovane, veniva versato in anfore dal collo sottile e cilindrico infilato in appositi buchi nella sabbia in modo da mantenere la posizione verticale.

Tali anfore avevano una capacità di trenta litri e su di esse veniva riportata l'annata consolare, il nome del vino e del produttore. Le anfore, chiuse ermeticamente con tappi di sughero o coperchi di cotto saldati con la pece, venivano impiegate dunque sia per il trasporto marittimo che per l'invecchiamento.

Il buon Falerno andava bevuto dopo 10 anni, i vini Sorrentini invece dopo 25. Tutti vini di un certo corpo, come ci ricorda ancora Quinto Orazio Fiacco, ne *Le satire* (Libro II):

Aufidio mescolava miele al Falerno robusto;
errore! perché a stomaco non conviene arrischiarsi
con bevande che non siano leggere,
ed è meglio innaffiare lo stomaco con vino leggero e miele.[60]

E dei pericoli del Falerno, specie se puro, ne canta, nelle sue *Satire,* anche Decimo Giunio Giovenale (55/60 - 127 d.C.) che, tra l'altro, lancia un grido di dolore sui costumi corrotti della società romana (Libro VI, 294-319):

Qui non è assente crimine o misfatto
della libidine, da che è finita
la povertà romana. Ai nostri colli
arrivano gli spurghi di Mileto,
di Sibari, di Rodi, e anche di Taranto
piena di vino, fiori e sfacciataggine.
Fu l'osceno danaro ad introdurre
i costumi stranieri, e la ricchezza
corruttrice ha distrutto col suo lusso
volgare un'onestà vecchia di secoli.
Che ritegni può avere la passione
sensuale quando è eccitata dal vino?
Quella che in piena notte morde enormi
ostriche - quando spumano gli unguenti
mescolati al Falerno puro, quando
si beve nei bacili da profumo,
quando gira la testa ed il soffitto
va a zonzo esulta talvolta si vedono
due lucerne, non una - credi forse
che sia in grado di fare distinzione
tra faccia e basso ventre?
Che cosa avvenga durante i misteri
della dea Bona è noto: quando il flauto
da la scossa alle reni, le baccanti
di Priapo, stralunate, tutte prese
dal vino e dalla musica, si torcono
i capelli fra gli urli. Che bisogno
bruciante dell'amplesso allora! Quali
gridi nei soprassalti di libidine!
E quanto vino vecchio scorre giù
per le gambe bagnate![61]

Esistevano anche pratiche per migliorare il mosto, per esempio le polveri di marmo per togliere l'asprezza e l'argilla o l'albume o il latte di capra per chiarificarlo; per rendere durevole il vino, invece, si aggiungevano resine, pece e mirra. Spesso al momento di essere servito a tavola, il vino subiva ulteriori filtrazioni con una sorta di colino di metallo.
Come si è detto anche i Romani così come i Greci, usavano mescolare il vino con l'acqua. E d'altra parte i vini greci, soprattutto quelli dolci, erano particolarmente apprezzati dai romani. Bere il vino puro *(merum)* era considerato, come già presso i Greci, un atto barbarico: si racconta che l'imperatore Tiberio avesse questo vizio, infatti veniva soprannominato dai suoi legionari "Biberius Caldius Merum" (bevitore di caldo merum), invece di Tiberius Claudius Nero. Solo alla fine dell'epoca imperiale, cambiando anche la consistenza del vino, si cominciò a berlo puro. Di questo ne parla già **Gaio Valerio Catullo** (84 - 55 a.C.):

Ragazzo, mescimi Falerno vecchio
riempine i calici del più amaro,
come vuole Postumia, la nostra regina
ubriaca più di un acino ubriaco.
E l'acqua se ne vada dove le pare
a rovinare il vino, lontano,
fra gli astemi: questo è vino puro.[62]

Le proporzioni della mescolanza erano stabilite di volta in volta da uno dei convitati eletto dagli altri commensali alla carica di simposiarca, come lo definivano i Greci, o di *magister bibendi* o *rex convivii,* come lo chiamavano i Latini, il quale fissava anche il numero e le modalità dei brindisi. Le diluizioni preferite, dopo aver scartato quella metà acqua e metà vino, giudicata pericolosa, erano quelle chiamate "a cinque e tre". Si usava fare brindisi bevendo alla salute, o di uno degli astanti, il quale doveva vuotare la tazza esclamando: *bene tibi, vivas,* oppure di persone assenti. Nel brindisi alla donna amata era uso vuotare tanti *kyathoi* uno dietro l'altro quante erano le lettere che componevano il nome di lei *(nomen bibere).* Così Marziale: «Sette calici a Giustina, a Levina sei ne bevi, quattro a Lida, cinque a Licia, a Ida tre. Col Falerno che versai numerai ogni amica, vien nessuna; dunque, o Sonno, vieni a me».

Quando l'anfora giungeva ai commensali veniva versata in un vaso, il "cratere", e, a seconda degli usi e della qualità, veniva annacquato; poi attraverso il *simpulum,* una specie di mestolo, veniva travasato nei bicchieri. Il vino di solito era bevuto utilizzando la *pàtera,* ampio e basso vaso sacrificale, o il *khantàros* etrusco, elegante coppa di bucchero o altro materiale, dotata di un piede a due manici, o ancora il *cyatus,* destinato ai brindisi.

Naturalmente queste riunioni conviviali potevano assumere anche dimensioni sproporzionate, se non addirittura sfrenate, come ci riporta Petronio Arbitro (14-66 d.C.) nel suo *Satyricon* (cap. XXXIV) qui riportato nella icastica traduzione di Edoardo Sanguinetti:

[...] Poi sono entrati due dell' Etiopia, due capelloni, con degli otri piccolissimi, di quelli che ci innaffiano la sabbia, negli anfiteatri, e ci versano il vino, lì a noi, sopra le mani, che di acqua, invece, non ce ne davano niente. Noi ci facciamo il nostro complimento, a quel signore, per le sue eleganze, e quello dice: "Siccome Marte ci

vuole ad armi pari, io ho voluto che tutti, qui, ci hanno il tavolino suo, che questi fetenti di schiavi, almeno, non ci tengono al caldo, così, a starci sempre tanto addosso". E subito ci portano delle anfore di vetro, sigillate per bene con del gesso, che sopra il collo ci avevano delle etichette attaccate, con questa scritta così: "Falerno del tempo di Opimio, anni cento". Mentre ci leggiamo la scritta, il Trimalcione si batte le sue mani, che dice: "Ahiahi, che ci campa più il vino, qui, che l'omettino! Bisogna che ci facciamo le spugne, noi, allora, che è la vita che è il vino. E questo qui, poi, è proprio del tempo di Opimio, che non era mica così buono quello che ci siamo bevuti ieri, che c'erano degli invitati, invece, che erano molto meglio". E noi a bere, giù e tutti in estasi, via, a stupirci di questi lussi.[63]

Né mancava chi metteva all'erta sui rischi dell'eccessivo uso del vino. È il caso di Sesto Aurelio Properzio (circa 50- 15 a.C.) nelle sue *Elegie* (Libro II, XXXIIIB, 23-24):

Tu non mi ascolti, e lasci che le mie parole vaneggino, sebbene ormai i buoi di Icario facciano tramontare le tardive stelle. Bevi senza pensieri: le notti, giunte al loro mezzo, non valgono a spossarti. Ancora la tua mano non è stanca di gettare dadi? Abbia il malanno, chiunque sia, che scoperse l'uso del vino nella sua purezza e contaminò per primo la benefica acqua con la divina bevanda! O Icario, tu che fosti sgozzato, non senza motivo, da contadini Cecropii, sperimentasti quanto l'aroma del vino fosse amaro! E tu, o Centauro Euritione, peristi per causa del vino; ed anche tu, o Polifemo, a causa del vin puro di Ismaro. La bellezza si guasta per il vino, per il vino si contrista la giovinezza, per il vino spesso l'amica non riconosce il suo uomo.[64]

E più avanti:

Me infelice, come per nulla si è mutata per l'abbondante Lieo! Dunque, bevi: sei sempre bella: per niente qualsiasi vino ti offusca, quando dalla fronte ti scende, posandosi sulla tua coppa, una corona di fiori e leggi i miei carmi con voce lieve. In tuo onore la mensa si intrida di Falerno versato senza misura e più fragrante esso spumeggi nel calice d'oro.[65]

Ma anche Properzio si deve arrendere alla potenza del gran dio Bacco, chiedendone i favori *{Elegie,* Libro III, XVII):

Ora , o Bacco, umile mi prostro ai piedi dei tuoi altari: benigno concedimi, o padre, una fausta navigazione. Tu riesci a mettere un freno alla tracotanza di Venere, che toglie il senno, e dal vino ch'è tuo nasce la medicina delle passioni. Per te si congiungono, per te si dividono gli amanti: o Bacco, detergi tu l'animo mio dal guasto. Che anche tu veramente non sei inesperto d'amore, Arianna lo testimonia fra gli astri, dalle due linci trasportata in ciclo. Questo mio male, che nell'intimo del mio corpo tien sempre acceso un fuoco antico, troverà guarigione nel giorno della morte o nel tuo vino.[66]

Nei paesi del Mediterraneo, tra la fine della Repubblica e l'inizio dell'Impero, erano prodotti numerosi vini come risulta dalla *Geographica* di Strabone. Dall'Italia poi il vino si diffuse nelle province che venivano via via conquistate e annesse all'Impero Romano. Allora si bevevano il Mamertino siciliano, il Rethico veneto, ma anche il vino d'Alba, di Taranto, d'Ancona e di Sezze e, ovviamente i più noti Falerno e Massico, vini campani, e il Cecubo del Lazio, ricordato da Quinto Orazio Fiacco, nel suo *Cleopatra (Le Odi,* libro I, 37):

Ora è tempo di bere, ora è tempo

di battere la terra a piede sfrenato;
ora, amici è tempo di preparare i letti sacri degli dei
con banchetti simili a quelli dei Salii.
Prima d'ora era di cattivo augurio
attingere dalle cantine degli avi il vino di Cecubo,
mentre con un esercito inquinato da uomini corrotti,
la folle regina preparava la rovina
del Campidoglio e dell'impero,
e forsennata sperava in una qualsivoglia sorte
inebriata dal favore della fortuna [...][67]

O, sempre di Orazio, nell'Ode *Il vino di Sabina* (Libro I, 20):

Ti offrirò vino povero di Sabina,
in piccoli bicchieri,
d'anfora greca, che io con queste mani
intinsi nella pece
e riposi il giorno che il teatro
t'applaudì, Mecenate,
amato cavaliere,
e il gioco lieve dell'eco
lungo le rive del fiume padre
dal monte Vaticano
ripetè la tua gloria.
Il tuo vino è il Cècubo,
è quello dei torchi di Cales.
Nulla dei vigneti di Falerno
e dei colli di Formia
brilla nelle mie coppe.[68]

Esistevano inoltre vini particolari, variamente profumati e aromatizzati, ottenuti con l'infusione di varie specie di piante e con l'aggiunta di particolari sostanze, a taluni dei

quali erano attribuiti specifici effetti, quali indurre l'aborto, oppure rendere feconde le donne, determinare impotenza negli uomini, ecc. Esisteva anche un *vinum murratum,* che veniva dato ai condannati a morte per annebbiare la loro coscienza prima dell'esecuzione.
In questo grande periodo della civiltà del vino non solo scrittori della letteratura tecnico-scientifica dedicarono pagine al vino, ma anche, come si è visto, grandi poeti come Tibullo, Ovidio, Orazio, Marziale, Catullo, Giovenale e infine, ma non ultimo, Publio Virgilio Marone (70-19 a.C.), *nell'Eneide* (Libro I), a cui si dedica la conclusione di questo capitolo:

Al posar primo del banchetto, via
tolte le mense, appongono i crateri
grandi e i vini coronano. E un clamore
per le stanze, le voci empion le volte:
pendono i lumi da' soffitti aurati
e vive torce vincono la notte.
Qui la regina chiese un nappo grave
di gemme e d'oro, e lo colmò di vino,
in uso a Belo e a quanti son da Belo;
e fu silenzio per le stanze allora:
«O Giove, poi che agli ospiti dar legge
dicono te, tu questo dì fa lieto
a' Tirii e a quei che vennero da Troia,
e che l'abbiano a mente i nostri figli.
Dator di gioia Bacco assista e amica
Giuno e al banchetto voi deh! convenite,
Tirii, di cuore». Disse, e su le mense
la primizia del calice spargea;
indi per prima vi posò le labbra,

e a Bitia il diè garrendolo: voglioso
da lo spumante pieno oro egli bevve,
e di poi gli altri principi.[69]

VINO E POESIA NEL MEDIOEVO
Il vino santo e giocoso

La percezione del vino e dei suoi poeti nel passaggio dal mondo classico e quello medioevale impone ima breve ricognizione storica per inquadrare fenomeni altrimenti incomprensibili.

Come si è visto già Domiziano, secondo quanto riferisce Svetonio nel *De vita Caesarum,* nel 92 d.C., aveva vietato rimpianto di nuovi vigneti e fatto estirpare la metà di quelli esistenti in tutto il territorio dell'impero per via della eccessiva riduzione di altre coltivazioni, quali quella dei cereali. Solo con Probo, che revocò nel 282 l'editto imperiale del suo predecessore, il vino iniziò a recuperare l'antica celebrità.

Ma i tempi erano cambiati: la nascita e lo sviluppo del Cristianesimo tra il III e il V secolo e il contemporaneo declino dell'Impero Romano, segnò l'inizio di un periodo buio per il vino, accusato di portare ebbrezza e piacere effimero.

Poi vennero le devastazioni (ma anche le ricostruzioni) delle varie popolazioni barbariche che percorsero in lungo e in largo la nostra penisola alternandosi alla sua guida ma spingendo i contadini ad abbandonare le terre: Goti, Vandali, Unni, Eruli, Longobardi, Franchi. Tutte

popolazioni che, abituate alla birra rustica e robusta, apprezzarono subito la bevanda dionisiaca che fino ad allora avevano conosciuto solo in modiche quantità.
Ma per il paese iniziò un periodo di carestie ed epidemie, causate dalla distruzione delle coltivazioni e dai saccheggi di città e villaggi. Durante questi primi anni del Medioevo, il rapporto con il cibo divenne instabile e, in qualche modo, "morboso". Secondo lo studioso francese Leo Moulin, questo fu un momento storico caratterizzato da «l'ossessione del cibo, l'importanza del mangiare e, come contropartita, la sofferenza (e i meriti) rappresentati dalle mortificazioni alimentari». Fu così che non solo il cibo, ma anche la fame divenne "oggetto di privilegio", tanto più il vino la cui produzione diminuì sensibilmente.
A ciò si aggiunse la diffusione dell'Islamismo nel Mediterraneo ad iniziare dal 700 d.C. con la messa al bando della viticoltura in tutti i territori occupati.
Per contro furono proprio i monaci cristiani di quel periodo, assieme alle comunità ebraiche, a continuare, quasi in maniera clandestina la viticoltura e la pratica della vinificazione per produrre i vini da usare nei riti religiosi. Per questo, soprattutto nel primo Medioevo, lo sviluppo della viticoltura fu dovuto in gran parte ai conventi, diventati in seguito veri e propri centri vitivinicoli, ad opera di monaci che sin dall'inizio si dedicarono alla nobile arte del vino in quanto elemento indispensabile durante la messa come simbolo liturgico del sangue di Cristo. Questo contribuì notevolmente ad una ripresa della viticoltura anche in quelle zone dove essa non era propriamente parte delle tradizioni locali. I centri monastici costituirono dei nuclei importantissimi per il mantenimento delle attività,

sia culturali che economiche, dei villaggi vicini: la coltivazione della vite era solo uno dei tanti aspetti e dei tanti lavori portati avanti nei monasteri.
Quindi nel Medioevo il vino venne a rivestire un ruolo sacro: considerata indecorosa per la gente comune, la prelibata bevanda era riservata ai sacerdoti durante la celebrazione della Messa, simboleggiando il sangue di Cristo.
Uno dei monaci tra i più significativi fu San Benedetto da Norcia che fondò il monastero di Montecassino e l'Ordine dei Benedettini. Nella sua *Regola* troviamo scritto: "*ogni uomo ha il suo dono di Dio: chi in un modo e chi in un altro. E' quindi con grande apprensione che decidiamo quanto gli altri debbano mangiare e bere. Tuttavia, tenendo presenti i bisogni dei fratelli più deboli, riteniamo che un quarto di litro al giorno sia sufficiente a ciascuno...* "
Il vino medievale era suddiviso in tre qualità. La prima - il "vino" vero e proprio - era ottenuta con una blanda spremitura e produceva un succo naturale e corposo; era il prodotto migliore e solo i ricchi potevano permetterselo. La seconda spremitura, più vigorosa, offriva un succo di qualità inferiore, il "vinello" probabilmente bevuto dal clero. Infine la terza, generava un vino chiamato "acquerello", consumato dai poveri e ricavato aggiungendo acqua alla poltiglia delle vinacce. Per rinforzare gli aromi, il vino medievale era "condito" ripetutamente - così come in passato - con erbe, spezie, miele e assenzio, mentre per essere conservato fino a tre o quattro anni veniva bollito, pena la perdita dei tre quarti della sua qualità.
Sotto il dominio dei Franchi, che tennero il vino in grande considerazione, le vigne erano proprietà protette con

grande cura dalle leggi barbariche. Troviamo nella legge salica e in quella dei Visigoti pene molto severe per l'estirpazione di una vigna o per il furto di grappoli d'uva. La coltivazione della vite fu quindi sostenuta da questi nuovi poteri e gli stessi re la piantavano, persino nei giardini dei loro palazzi.
Ciò avvenne particolarmente in Francia dove la vite cresceva rigogliosa già in periodo preromano, dal tempo dei Galli, e dava ottimi vini (come oggi, d'altronde). Da chi e in quale periodo la vite fu fatta coltivare ai Galli ha costituito una questione lungamente disputata che, nonostante la più attenta ricerca, rimane insoluta. L'opinione più plausibile è quella che attribuisce l'onore di aver importato la vite alla colonia fenicia che fondò Marsiglia. Già Plinio faceva menzione di molti vini dei Galli altamente stimati. Cionondimeno, egli rimproverava ai viticoltori di Marsiglia, Beziers e Narbonne di alterare i loro vini infondendovi diverse droghe che li rendevano sgradevoli e persino non genuini. Dioscoride, comunque, approvava il costume, in uso tra gli Allobrogi, di mischiare la resina con i loro vini per conservarli e prevenirne l'acidificazione, poiché la temperatura del loro paese non era abbastanza calda da portare l'uva a completa maturazione.
Sia come sia ancora nel 1160 c'era a Parigi, vicino al Louvre, una vigna di tale estensione che Luigi VII poteva regalare annualmente sei tini (dai 238 ai 530 litri per tino) di vino, da essa proveniente, al rettore di St. Nicholas.
Dopo l'anno Mille l'iniziale severo regime alimentare che regolava i pasti all'interno dei conventi subì un radicale cambiamento: si moltiplicavano le occupazioni da svolgere, crescevano i patrimoni da gestire soprattutto a seguito di

imponenti lasciti testamentari, le proprietà si espandevano e tutto ciò allontanava i monaci dalla
dimensione di una vita semplice e frugale. Il vino, ma soprattutto il "buon" vino, era ancor più sinonimo di ricchezza e prestigio, e l'eccellere nella produzione di qualità diventava per alcuni ordini ecclesiastici quasi una ragione di vita. I Benedettini, diffusi in tutta Europa, erano famosi per il loro vino e per il consumo - non proprio moderato - che ne facevano.

Va tuttavia sottolineato come il vino portò nel Medioevo il bagaglio simbolico che aveva accumulato nei secoli passati, soprattutto il suo legame col sangue. L'antica usanza di suggellare i patti col sangue, si trasformò in quella meno cruenta di sostituirlo col vino, che, ancora nel XIV secolo, mantenne grande importanza nella definizione di contratti e di trattati di pace. Per la mistica Hildegard von Bingen (XII sec.) la terra, resa impura dal sangue impuro del delitto di Caino, si purificava trasformandolo nel succo dell'uva.

Ma il più profondo livello di correlazione tra le due sostanze si raggiunse nel 1215, quando il Quarto Concilio Laterano affermò il dogma della transustanziazione, in cui il pane ed il vino dell'eucaristia di fatto si trasformano nella carne e nel sangue di Cristo. Cristo stesso è rappresentato nelle scritture dalla vite, la "vera vite" da cui si dipartono i tralci, immagine dei discepoli, diffusori della sua parola e la pigiatura dell'uva ne simbolizza il supplizio.

Si può addirittura affermare che, nonostante la cura che le autorità civili dedicavano alla coltivazione e alla vinificazione, furono la Chiesa e, in particolare, gli ordini monastici che preservarono e svilupparono la viticoltura per tutto il Medioevo; infatti, oltre che per le necessità

eucaristiche, il vino, pur senza abuso, era prescritto dalla Regola come bevanda principale per tutta la comunità cenobitica.
Il potere clericale della "vermiglia bevanda", divenne ben presto bersaglio satirico del popolo costretto alla sua astinenza. Con il consueto lazzo di spirito popolare, ecco una versione del *Pater Noster,* trasformato in una satira popolare di autore ignoto che, tradotta dal latino, così recita:

Padre Bacco che sei nei boccali,
sian santificate le tue vendemmie,
venga il tuo tempo di fermentazione,
facci ben bere del buon vino quotidiano,
offri a noi grandi bevute come noi le rioffriremo ad altri,
inducici con le tue tentazioni aromatiche,
e liberaci dall'acqua.[70]

Sempre dopo il Mille, accanto alla viticoltura ecclesiastica e signorile, si affiancava quella della nascente borghesia mercantile che intravedeva nella produzione e nel commercio dei vini nuove strade per profitti sicuri e redditizi. Da genere destinato all'alimentazione e agli usi liturgici, il vino divenne un bene ricercato, moneta di scambio e fonte di ricchezza per produttori e commercianti. Tra i più famosi vini del Medioevo possiamo citare quelli del nord d'Italia, dell'Istria, i triestini Ribolla (dal latino "rubeolus", rossastro, anche se è diffusa, soprattutto nella zona di Udine, una varietà gialla che dà un vino bianco, leggero e fresco), Terrano (di color rosso carico, con profumo di lampone, frizzante e asprigno), e Malvasia; i vini veronesi, la Vernazza bresciana e i vini della Valtellina. In Liguria era già conosciuto il vino delle Cinque Terre ed erano molto stimati anche i vini del bolognese, del modenese e dell'attuale Romagna in generale. Particolarmente apprezzati anche i Moscati, dolci e piacevoli, e le Malvasie di Lipari, per quanto riguarda le isole tirreniche dell'arcipelago delle Eolie. In Toscana vi erano il Trebbiano (la cui denominazione risale al XIV secolo e indicava un vitigno che dava, com'è ancor oggi, un'uva bianca di color giallo-verdastro, usata per la preparazione di numerosi vini), la Malvasia, l'Aleatico (originario della Toscana, ma oggi diffuso anche nel Lazio e in Puglia), il Sangiovese (vitigno famoso per la produzione di celebri vini come il Chianti o il Brunello di Montalcino), la Vernaccia di San Gimignano (così chiamata dal luogo di provenienza). Da questo vitigno si ricavavano sia vini liquorosi e dolci, come in Sardegna; sia vini rossi, come nelle Marche; sia bianchi secchi, specialmente in Toscana dove si producevano (e si producono) anche i famosi vini di Montepulciano. Quindi già dall'Alto Medioevo compaiono alcuni dei più famosi vini toscani, tanto che a casa di Pietro Aretino, molto tempo dopo, non mancavano i buoni vini (che probabilmente collaborarono alla dipartita del poeta durante il convivio fatale del 21 ottobre 1556), se è vera la notizia, riportato su uno dei tanti siti web dedicati al vino, di una sua lettera recapitata al Tintoretto in cui asseriva che:

Il vino temperatamente bevuto, moltiplica le forze, cresce il sangue, colorisce la faccia, desta l'appetito, fortifica i nervi, rischiara la vista, ristora lo stomaco.[71]

D'altra parte già fin dalle sue origini il vino era usato anche a scopi medicinali e Ippocrate (IV secolo a.C.), uno dei più eminenti medici greci dell'antichità, lo prescriveva per curare le ferite, come bevanda nutriente, antifebbrile, purgante e diuretica. Galeno (II secolo d.C.) a sua volta faceva grande uso di vini medicinali e fu grazie alla diffusione delle sue opere in epoca bizantina che l'uso del vino come medicinale riuscì a sopravvivere al crollo dell'Impero Romano d'Occidente.

La raccomandazione di Galeno di ricorrere al vino per le ferite, per rinvigorire i fisici debilitati e come febbrifugo fu ampiamente seguita nell'Europa del Medioevo, soprattutto da monaci e Cavalieri Ospitalieri. Ma fu il *Liber de Vinis* di Arnaldo da Villanova (XIII secolo) a stabilire con fermezza l'uso del vino come sistema terapeutico riconosciuto. Con l'aggiunta di erbe o essenze officinali era adoperato come medicinale e raccomandato dai *Tacuina Sanitatis,* prontuari medievali di regole igienico-sanitarie, perché è sostanzioso, cura e previene i malanni.

Fra l'ampia lista dei suoi usi medicamentosi, il Villanova ne sottolineava le qualità antisettiche e corroboranti, e ne consigliava l'uso nella preparazione di impiastri. Per tutto il periodo medievale, il vino fu uno dei pochi liquidi capaci, per effetto del suo contenuto alcolico, di sciogliere e nascondere il sapore delle sostanze ritenute curative dai medici dell'epoca. Le "teriache", una sorta di vini medicati, entrarono così in uso per le affezioni più diverse.

L'uso del vino a scopo terapeutico, soprattutto nella pratica chirurgica, continuò per tutto il Medioevo. I medici della Scuola di Bologna, che già contestavano l'opinione allora largamente diffusa che per il risanamento delle ferite fosse necessaria la suppurazione, erano convinti che una fasciatura imbevuta di vino portasse alla cicatrizzazione e alla guarigione della ferita. Guy de Chauliac, noto chirurgo

del Medioevo, usava pulire le ferite del torace con lavaggi a base di vino fino a che questo non risultasse pulito e chiaro. E un po' per tutti - popolo, principi e prelati - era già famosa e assai usata la ricetta del "vin cotto", per risollevare i corpi e rallegrare gli spiriti nei lunghi e bui inverni medievali:
"Un litro di vino rosso, 300 gr. di miele di corbezzolo o di acacia, 2 stecche di cannella, 3 chiodi di garofano. Bollire il vino lentamente con tutti gli ingredienti, fino a quando non si sarà ristretto di un terzo. Bere caldo".
Insomma, cantato dalla poesia profana, celebrato nel simbolismo religioso, prescritto dalla medicina ed elemento fondamentale dell'economia, il vino costituisce un importantissimo tassello della cultura medievale. Ogni mensa medievale, dalla più ricca alla più povera, era fornita di vino (naturalmente molto diverso a seconda dei casi). Quindi bevanda popolare quanto, se non più dell'acqua, che spesso si rivelava un liquido malsano ed inquinato, e che solo il vino, aggiunto in quantità e qualità variabile a seconda del censo, disinfettava e purificava.
Ma alla fortuna del vino nel Medioevo concorrono anche le sue doti "profane": riscalda, rallegra, infonde coraggio e inebria, disinibisce. In questa chiave la poetica goliardica del XII secolo, rifacendosi ai modi della cultura classica greco-romana, canta il vino associato alle gioie terrene, come il sesso e il gioco e la taverna come tempio sociale del piacere. In quest'ambito si viene a creare nel Medioevo una ricca letteratura musicale, sacra e profana, sul vino e sulle sue espressioni: dalla miracolistica delle *Cantigas de Santa Maria* ai canti di taverna dei Carmina Burana - dove Bacco, il vino e la taverna sono tra i temi principali del cantare goliardico dei *clerici vagantes-,* alla spensierata celebrazione

dei suoi effetti nei brani della cultura cortese dei trovatori, sino alla mistica profonda delle simbologie bibliche del vino, della vite e della vigna nella musica liturgica.
Il programma propone un *excursus* tra i canti colti e popolari, sacri e profani dedicati alla cultura del vino tra XII e XIII secolo riportati in un importante manoscritto del XIII secolo, il *Codex Latinus Monacensis,* proveniente dal convento di Benediktbeuern. Alcuni esempi:

Canti bacchici e conviviali:[72]

È mia intenzione morire all'osteria, perché il vino mi sia accanto nel momento del trapasso; allora con più gioia canteranno i cori angelici: "Dio sia propizio a questo bevitore" (191,12)

La natura da a ciascuno di noi caratteristiche sue proprie: per scrivere bei versi devo bere vino buono, il migliore di cui le botti degli osti sono piene; esso produce in me grande abbondanza di parole (191,17)

Il succo di Bacco, che è puro spirito, invoglia tutti a bere; libera dalla tristezza e dal dolore e rende sempre allegri (195,lb)

I boccali ora traboccano e dalla spina piove vino, e chi ha già bevuto beva adesso più che può (195,13b).

Il termine *Carmina Burana* è stato introdotto dallo studioso Johann Andreas Schmeller nel 1847 in occasione della prima pubblicazione del manoscritto. Tale codice comprende 315 componimenti poetici su 112 fogli di pergamena decorati con miniature. Sembra che tutte le liriche dovessero essere destinate al canto, ma gli amanuensi autori di questo manoscritto non riportarono la musica di tutti i carmi, cosicché possiamo ricostruire l'andamento melodico solo di 47 di essi. Il codice è suddiviso in sezioni:

- Carmina moralia (1-55), argomento satirico e morale;
- Carmina veris et amoris (56-186), argomento amoroso;
- Carmina lusorum et potatorum (187-228), canti bacchici e conviviali;
- Carmina divina, argomento moralistico sacrale (questa parte fu probabilmente aggiunta all'inizio del secolo XIV).

I testi (tutti in latino eccetto 47, scritti in alto tedesco) hanno argomenti evidentemente molto diversi tra loro, e dimostrano la poliedricità della produzione goliardica. Se da un lato troviamo i ben noti inni bacchici, le canzoni d'amore ad alto contenuto erotico e le parodie blasfeme della liturgia, dall'altro emergono un moralistico rifiuto della ricchezza e la sferzante condanna alla curia romana, nella quale molti membri erano sempre e solo dediti alla ricerca del potere.

Queste parole dimostrano chiaramente come gli autori di questi versi (i cosiddetti *clerici vagantes)* non fossero unicamente dediti al vizio, ma che si inserissero anche loro in quella corrente contraria alla mondanizzazione degli uomini di Chiesa. Tuttavia non sono contro la Chiesa come istituzione divina, anzi, il concetto è dato per scontato in ogni canto. Nessun canto attacca la Chiesa Cattolica ma solo i suoi membri corrotti. D'altra parte la varietà di contenuti di questo manoscritto è anche indiscutibilmente ascrivibile al fatto che i vari *carmina* hanno autori differenti, ognuno con un proprio carattere, proprie inclinazioni e probabilmente propria ideologia, non trattandosi di un movimento letterario compatto ed omogeneo. In particolare nei *Canti bacchici e conviviali* il protagonista assoluto è, come già visto, ovviamente, il vino:

Dapprima faremo un brindisi per la vincita nel gioco,
i dissoluti incominciano così;
Bevono quindi per tutti i prigionieri
e poi una terza volta per i vivi,
la quarta per tutti i cristiani,
la quinta per i fedeli ormai defunti,
la sesta per le suore vanitose,
la settima per i cavalieri erranti,
l'ottava per i frati scappati dal convento,
la nona per i monaci vaganti,
la decima per tutti i naviganti,
l'undicesima per quanti sono in lite,
la dodicesima per tutti i penitenti,
la tredicesima per quanti sono in viaggio;
tanto per il papa quanto per il re bevono tutto senza fare distinzione.
Beve la dama e beve il signore,
beve il cavaliere e beve il chierico,
beve questo e beve quella,
beve il servo con l'ancella,
beve il lesto e beve il pigro,
beve il bianco e beve il nero,
bevono il deciso e l'incostante,
bevono il dotto e l'ignorante,
bevono il povero e il malato,
bevono l'esule e l'ignorato,
bevono il giovane e l'anziano,
bevono il vescovo e il decano,
bevono la sorella ed il fratello,
beve la donna con la madre,

beve questa e beve quello,
bevono in cento, bevono in mille.

I *clerici vagantes* dai loro paesi del Nord Europa scesero anche in Italia e portarono con loro la goliardia irriverente e dissacratoria che amava cantare il vino, il gioco e l'amore. Alcuni di questi venivano per studiare nelle università di Bologna, Padova, Pavia, Salerno, Roma. Inevitabilmente gli studenti locali risentirono della loro influenza. Prova ne sia una formula che ci è stata trasmessa dal dettatore **Bono da Lucca** (m. 1279). Si tratta di una brevissima composizione di quattro versi, che riportano il ritmo tipico del canone dei goliardi. Fu composta a Bologna e destinata a dare il benvenuto agli studenti in transito:

Huc accedant sitientes	Qui accedano gli assetati
Dogma gratum cupientes	Quelli che desiderano il grato dogma
Et argentimi non habentes,	E quelli che sono senza soldi.
Omnes bibant libere.[73]	Tutti bevano liberamente.

Negli ambienti universitari italiani nascono dunque numerosi emuli dei goliardi nordici, come Boncompagno da Signa, o il più noto cancelliere Pier delle Vigne, e la provvidenziale trascrizione del frate francescano Salimbene de Adam (1221 - 1288) ci porta a conoscenza dei versi di uno di essi, il grammatico Morando da Padova (XIII sec.) che compose uno splendido elogio del vino *(Vinum dulce gloriosum):*

Vinum dulce gloriosum
pingue facit et carnosum
atquepectus aperit.

Il vino dolce glorioso
rende pingue e carnoso
inoltre il petto libera.

Vinum rubeum subtile
non est reputandum vile:
nam colorerà generai.

Il vino rosso sottile
non è da ritenersi vile
infatti il colore genera.

Vinum forte, vinumpurum
reddit hominem securum
et depellitfrigora.[74]

Il vino forte, il vino puro
rende l'uomo più sicuro
ed allontana il freddo.

Le testimonianze che ci rimangono dei rimatori del genere di Morando sono scarse nella letteratura italiana di questo periodo, specialmente se si confrontano con i testi analoghi che ci provengono dalla Francia o dalla Germania.
La ragione di questa scarsezza non va ricercata nella mancanza di rimatori bacchici nelle nostre città. I componimenti poetici dei rimatori d'oltralpe ebbero il grande vantaggio di venire registrati in forma scritta e poterono così superare i secoli. I nomi di Ugo d'Orleans, Gualtiero Map, l'Archipoeta, Gualtiero di Chàtillon sono i più citati nei testi dell'epoca. Ad essi si attribuisce la produzione goliardica più cospicua.
Di Ugo d'Orleans (1093 - 1160), detto anche Ugo Primate, definito da Salimbene *magnus trufator et maximus versificator,* vengono riportati nella *Cronica* alcuni versi, tra i quali i celebri:

Fertur in convivio vinus, vina, vinum
masculinum displicet atque femininum

in neutro genere ipsum est divinum
loquens linguis variis optimum latinum.

Si porta nel convivio vinus, vina, vinum,
dispiace il maschile ed anche il femminile,
ma nel genere neutro è proprio divino
parlando in lingue varie un ottimo latino.[75]

Ma, a questo punto, vale la pena andare a vedere chi sia stato il più volte citato frate francescano Salimbene De Adam, anche perché valido rappresentante di quella forma letteraria ancora in latino, sebbene in un latino non più dotto e solenne, rappresentata dalle *Croniche,* opere che raccontano di eventi ed incontri e contengono descrizioni di luoghi, abitudini, usi e persone. Nato a Parma, nella sua *Cronica* sono presentati avvenimenti di tutt'Europa, anche perché Salimbene viaggiò molto in varie nazioni, dalle quali riportò ricordi che andarono ad arricchire le sue pagine di freschi e gradevoli aneddoti. Questo frate convinto, inseguito più volte dal padre che voleva assolutamente riportarlo alla vita secolare, si mostra comprensivo verso i bevitori del suo tempo.
Nelle sue pagine il vino non viene presentato con intenti moralistici, ma piuttosto con l'accenno leggero e compiaciuto dell'intenditore dallo spirito pronto e vivace.
Raccontando di come un inglese si bevve in una volta un intero grande boccale di vino, Salimbene dice, a proposito degli inglesi, che essi si dilettano molto in bevute, ma vanno in certo qual modo giustificati perché la ragione del loro gran bere sta nel fatto che essi hanno poco vino in patria.
Sempre secondo Salimbene, maggior riprovazione meriterebbero i Francesi, che di vino ne hanno di più, come

riporta infatti un verso che dice:

La Normandia vi dia il pesce; l'Inghilterra il frumento
La Scozia il latte, e la Francia il vino.

Ma anche per i Francesi il frate trova una scusante: si deve riconoscere il fatto che è difficile abbandonare le consuetudini, secondo quanto affermano anche le sacre Scritture.
Riporta inoltre Salimbene che in metà della Francia si beve birra, mentre nell'altra vino, ed in queste terre i vini sono molto abbondanti, notando specialmente quelli di Rupella (La Rochelle), Belna (Beaune), ed Altisiodoro (Auxerre). Tra questi i vini rossi di Altisiodoro vengono reputati di bassa qualità, e non certo paragonabili a quelli rossi italici. I vini bianchi, invece, a volte aurei, sono «*odoriferi et confortativi et magni et boni sapori et omnem bibentem in securitatem et iocunditatem inducimi*» tanto che secondo Salimbene sono i vini adatti per coloro che hanno l'animo amaro.
Egli annota anche che i Gallici, ridendo, asseriscono che è consuetudine controllare che un vino abbia tre "b" e sette "f" prima di poterlo giustificatamente ritenere degno di lode:

El vìn bon e bels e blance	Il vino buono, bello, bianco;
forte efer e fin e framble	forte, fiero, fino, fragrante,
fredo efras e formijant.[76]	freddo, fresco, frizzante.

Aggiunge tra l'altro Salimbene che i Francesi hanno occhi cisposi ed appannati a causa del troppo bere, cosicché al mattino, dopo le generose bevute notturne, per avere sollievo, si recano dal sacerdote e lo pregano affinché instilli nei loro

occhi un poco d acqua benedetta con la sua mano. A questa richiesta i sacerdoti rispondono: «Alé! Mal ve ne venga! Mettete l'acqua nel vino, non negli occhi!».
Tra i prosatori bacchici italiani, secondo Salimbene, merita una citazione un ignoto autore che, riprendendo i saggi insegnamenti di Eubolo, così recita:

Vinum de vite del nobis gaudia vite.
Si duo sunt vina, michi de meliori propina. Non prosunt vina, nisiflat repetitio trina.
Dum quater poto, succedunt gaudia voto.
Ad potum quinto mens vadit in laberintum.
Sexta potatio me cogit abire suppinum. [77]

E vino della vite ci dia vita felice.
Se due sono i vini, mi si dia del migliore.
Né i vini possono giovare, se non bevuti tre volte.
Mentre al quarto bicchiere succede una gran gioia.
Se poi mi bevo il quinto la mente è in labirinto.
Una sesta libagione mi costringe a star supino.

Ma nel tredicesimo secolo in tutta la penisola italiana si assiste ad una considerevole e clamorosa affermazione di una nuova letteratura in volgare. Forme, modi e dimensioni di questo nuovo modo di concepire la letteratura presentarono manifestazioni differenti rispetto all'ambiente sociale, alle condizioni politiche e culturali del mondo in cui si svilupparono.
Questo rese multiforme il panorama letterario del momento e diede vita al vario quadro letterario che caratterizzò quel secolo.
La letteratura in volgare del Duecento si espresse prevalentemente in versi. I suoi indirizzi furono differenti in base ai gusti e alla sensibilità dei rimatori, così come in base

ai gusti del pubblico al quale la singola opera si rivolgeva.
A parte le debite eccezioni, in una visione generale del quadro letterario italiano del periodo si nota maggiormente nei poeti del Nord la tendenza a comporre versi prevalentemente dialettali e di intonazione popolaresca che contengono intenti didattico-allegorici. Come esempio si può proporre il milanese Bonvesin da Riva (1240-1315), che, nel suo elenco in versi dei modi cortesi da usare a tavola, oltre a consigliare di far attenzione a non versare maldestramente il vino, suggerisce di non bere fino ad ubriacarsi, di non mettere il pane nel vino, di non rifiutare la coppa anche se non si desidera bere, e dichiara:

Chi s'ubriaca malamente, in tre maniere offende; nuoce al corpo e all'anima, ed il vino perde.

Si deve tuttavia sottolineare che una letteratura scritta si rivolge ad un pubblico che per quel momento era ancora ristretto e di ceto elevato. Per molta parte del pubblico la letteratura giungeva solo attraverso le interpretazioni dei giullari e si trasmetteva ancora per via orale.
Accanto alla poesia d'amore e d'intento morale o politico, se ne affermò un'altra, vivace e spregiudicata, che si ispirava a figure, tipi e fatti della quotidianità. Per la sua ispirazione alla realtà più immediata, questa fu definita 'poesia realistica'.
I documenti di questo tipo di letteratura a nostra disposizione non sono numerosi. Una ragione non trascurabile si deve cercare nel relativo disprezzo verso questa forma di poesia che gli aristocratici della cultura hanno sempre provato, a causa delle forme popolaresche, spregiudicate e pungenti che mostravano le persone e le circostanze del mondo reale colte e riprese in atteggiamenti non aulici od artefatti, ma piuttosto

fatte oggetto di caricature e lazzi ironici o sarcastici. Si può anzi dire che alcuni dei temi proposti dalla poesia realistica risentono dell'antica letteratura dei "contrasti", o addirittura dei *Carmina Burana*.

Tra i maggiori poeti realistici spiccano **Cecco Angiolieri** (1260 - 1312) di Siena e Folgore da San Gimignano (pseudonimo di Giacomo di Michele o Jacopo di Michele, 1270 - 1332). Entrambi inseriscono realisticamente il vino e l'amore nelle loro opere poetiche e fanno nascere una "poesia italiana" del vino.

Cecco Angiolieri, forte bevitore, si trova a suo agio in taverna tra i boccali. La sua figura di dissipatore del denaro paterno e di giovane ricco e dissoluto nonché di verace e spigliato poeta si delinea nella sua disinvolta dichiarazione (sonetto LXXXVII):

Tre cose solamente mi so 'n grado
le quali posso non ben men fornire:
ciò è la donna, la taverna e 'l dado;
queste mi fanno 'l cuor lieto sentire.[78]

La poesia di Cecco Angiolieri si contrappone con vigore a quella della scuola fiorentina (tanto che "tenzonò" in rima con Dante Alighieri), usando l'arma del comico e lo sberleffo del giullare. Cecco nasce a Siena nel 1260 da famiglia nobile e ricca e di lui si conoscono pochi dati biografici: gli atti ufficiali che ci restano riguardano multe e processi, tanto che i suoi figli rinunciarono alla scarsa eredità in quanto gravata dai debiti. E per descrivere il suo stato nel momento in cui si trova senza soldi, sceglie come significativo paragone un vino reso molto debole e fiacco dall'acqua (sonetto LXXV):

In una ch'è donar mi danno meno
anco che pochi me n'entrano 'n mano
son come vìn, ch'è du'part'acqua, leno,
e son più vil che non fu prò' Tristano.[79]

Talora il suicidio come rimedio per le situazioni incresciose della vita gli pare logico e conseguente come ad uno che «avesse tutto il dì il marmo segato, il bever un bicchier di vernaccino». L'irriverente odio verso l'avarizia del padre è spesso presente nei suoi versi e, con lo spirito veemente che lo caratterizza. Egli deplora recisamente l'atteggiamento del genitore che lo lascia per morto alla sua domanda di un fiasco di volgare vino di raspo e che si infuria anche di più alla provocatoria richiesta di vernaccia (sonetto XCIV):

Il pessimo e 'l crudele odio, ch'i' porto
a diritta ragione al padre meo,
il farà vìvar più, che Botadeo,
e di ciò, buon dì, me ne sono accorto.

Odi, Natura, se tu ha' gran torto:
l'altrier li chiesi un fiasco di raspeo,
che n'ha ben cento cogna 'l can giudeo,
in verità, vicin m'ebbe che morto.

- S'i' gli avessi chèsto di vernaccia! –
diss'io, solamente a lui approvare:
sì mi volle sputar entro la faccia.

E poi m'è detto ch'i noi debbo odiare!
Ma chi sapesse ben ogni sua taccia
direbbe: - Vivo il dovresti mangiare![80]

Anche di Folgore da San Gimignano (1270 - 1332) si conosce abbastanza poco, e della sua opera restano solo trentadue componimenti, per la maggior parte disposti a cicli: considerevoli sono i sonetti per la corona dei mesi, e i sonetti per la corona dei giorni della settimana. Folgore fu poeta misurato, di una allegria elegante che affresca finemente, con le sue rime, il quadro della vita quotidiana, della giocosa realtà della sua Toscana, nei suoi cicli naturali, presentandola negli aspetti che egli ritiene maggiormente desiderabili. Per Folgore uno dei piaceri della vita era senz'altro rappresentato dal vino. Nel sonetto dedicato al mese di gennaio vediamo il poeta consigliare di difendersi dal freddo bevendo vin *razzese,* cioè vino frizzante e pungente, mentre nel mese di febbraio egli canta i piaceri della caccia ed i momenti piacevoli che accompagnano il ritorno a casa (I mesi, sonetto XVI):

E la sera tornar co' vostri fanti
corcati de la molta salvaggina,
avendo gioia ed allegrezza e canti;
far trar del vino e fumar la cucina,
e fin al primo sonno star razzanti
e po' posare 'nfin a la mattina.[81]

Invece per il mese di luglio, sempre dominato da un caldo appiccicoso, il poeta fornisce un quadro suggestivo e rinfrescante (I mesi, sonetto XXI):

Di luglio in Siena, su la saliciata
con piene le 'nghistare di trebbiani;
ne le cantine li ghiacci vaiani,
e man e sera mangiare in brigata.[82]

Non poteva certo mancare un accenno al vino nei versi dedicati al mese d'ottobre ed infatti Folgore dichiara (I mesi, sonetto XXIV):

La sera per la sala andate a ballo,
e bevete del mosto et inebriate
che non ci ha miglior vita, in ventate:
e questo è vero come 'Ifiorin giallo,
e poscia vi levate la mattina,
e lavatevi 'l viso con le mani;
'l rosto e 'l vino è buona medicina.[83]

Così per novembre auspica «coppe d'argento e bottacci di stagno» e si augura che «ciascun beva e conforti il compagno», mentre a dicembre egli vuole che «le botti sien maggior ch'a San Galgano», cioè più grandi di quelle che c'erano nella ricca abbazia cistercense che sorgeva presso Siena.
Il vino allieterà anche i giorni della settimana. Per il mercoledì, fra visi allegri, delicate vivande e nobili donzelle, Folgore vede bene la presenza di «coppe, nappi, bacin d'oro e d'argento, vin greco di riviera e di vernaccia». Pare buono il consiglio che Folgore fornisce a tutti quelli che desiderano festeggiare degnamente la giornata di domenica. Dopo i cinque giorni della settimana ormai trascorsi, egli invita a tornare a casa il sabato sera e a dare precise disposizioni (*Sabato die,* sonetto XII):

E po 'tornar a casa e dir al cuoco:
To' queste cose e acconcia per dimane,
e pela, taglia, assetta e metti a fuoco;
ed abbie fino vino e bianco pane,

ch'e' s'apparecchia per far festa e giuoco;
fa ' che le tue cucine non sian vane.[84]

Il vino certo non poteva mancare nell'opera di Dante Alighieri (1265 - 1321), di cui argutamente non si dirà nulla più che ricordare alcuni canti della *Divina Commedia* tratti dal suo Purgatorio:

(Canto XIII, 28-30)
La prima voce che passò volando
Vinum non habent altamente disse,
e dietro a noi l'andò reiterando.

(Canto XV, 118-123)
Lo duca mio, che mi potea vedere
far sì com'uom che dal sonno si slega,
disse: "Che hai che non ti puoi tenere,
ma se' venuto più che mezza lega
velando li occhi e con le gambe avvolte,
a guisa di cui vino o sonno piega?"

(Canto XXIV, 19-24)
Questi", e mostrò col dito, "è Bonagiunta,
Bonagiunta da Lucca; e quella faccia
di là da lui più che l'altre trapunta
ebbe la Santa Chiesa in le sue braccia:
dal Torso fu e purga per digiuno
Tanguille di Bolsena e la vernaccia".

(Canto XXV, 76-78)
E perché meno ammiri la parola,
guarda il color del sol che si fa vino,

giunto all'omor che de la vite cola.

E si concluderà questa sezione con un breve passo tratto da *Il Decamerone* (Giornata VI, novella II) di Giovanni Boccaccio (1313 - 1375) tanto per ricordare come il vino diventa poesia anche nella narrativa:

Ogni mattina in su l'ora ch'egli avvisava che messer Geri con gli ambasciadori dovesser passare, si faceva davanti all'uscio suo recare una secchia nuova e stagnata di acqua fresca, et un piccolo orcioletto bolognese nuovo del suo buon vin bianco, e due bicchieri che parevan d'ariento. sì eran chiari, et a seder postosi, come essi passavano, et egli, poi che una volta o due spurgato s'era, cominciava ber sì saporitamente questo suo vino, che egli n'avrebbe fatto venir voglia a' morti. La qual cosa avendo messer Geri una e due mattine veduta, disse la terza: Chente è Cisti? è buono? Cisti, levato prestamente in pie, rispose: Messer sì, ma quanto non potre' io dare ad intendere se voi no n'assaggiaste. Messer Geri, al quale o la qualità del tempo, o affanno più che l'usato avuto, o forse il saporito bere che a Cisti vedeva fare, sete avea generata, volto agli ambasciadori sorridendo disse: Signori, egli è buon che noi assaggiamo del vino di questo valente uomo: forse che è egli tale che noi non ce ne penteremo: e con loro insieme se n'andò verso Cisti. Il quale, fatta di presente una bella panca venire di fuor dal forno, li pregò che sedessero; et a li lor famigliari, che già per lavare i bicchieri si facevano innanzi, disse: Compagni, tiratevi indietro e lasciate questo servigio fare a me, che io so non meno ben mescere che io sappia infornare: e non aspettaste voi d'assaggiarne gocciola. E così detto, esso stesso, lavati quattro bicchieri belli e nuovi, e fatto venire un piccolo orcioletto del suo buon vino, diligentemente die bere a messer Geri et a' compagni. Alii quali il vino parve il migliore che essi avesser gran tempo davanti bevuto: perche, commendatol molto, mentre gli ambasciadori vi stettero, quasi ogni mattina con loro insieme n 'andò a ber messer Geri.

Ma il vino del medioevo ci appare come un grande fenomeno di sincretismo culturale che unisce l'Europa all'Oriente, finanche in Cina. Pertanto, seppure solo come breve citazione, non credo sia possibile dimenticare i versi immortali del poeta e astronomo persiano Omar Khayyam (1048 - 1131), sublime cantore del vino nelle sue *Robayyat* (Quartine):

O tu che sei giunto affannato dal Mondo degli Spiriti
E stupefatto guardi ai cinque Sensi, ai quattro Elementi
alle sei Direzioni, ai sette Pianeti
bevi Vino, che nulla sai di dove sei venuto,
sta' allegro, che tu non conosci in che Mondo lontano n'andrai.

Come il tulipano d'Aprile prendi in mano la coppa rotonda
se hai la fortuna di startene con una guancia di rosa.
Bevi vino in letizia, che questo antico ciclo crudele
d'un tratto dell'alto tuo cuore farà bassa polvere e terra.

Poi che verità e certezza supreme non possediamo mai,
non si può passare la vita in speranze dubbiose.
Guardiamoci dal deporre un istante la coppa del Vino:
ignari di tutto qual siamo, che importa esser sobri o ubriachi?[85]

Sono solo tre quartine, significative per conoscere la delicatezza della poetica persiana. D'altra parte la storia ci dice che la bevanda di Bacco fu normalmente presente nella vita quotidiana di città arabe come La Mecca fino al VI secolo. Fu solo dieci anni dopo la scomparsa del Profeta che il suo consumo venne vietato in Arabia e in tutti i paesi che cadevano sotto il dominio islamico. C'è anche da dire che nello stesso Corano la posizione del Profeta a proposito del vino è piuttosto ambivalente: da un lato lo proibisce («Il vino e i giochi d'azzardo, e le tavolette divinatorie sono infamie inventate da Satana. Evitatele, così che possiate prosperare»), e dall'altra lo concede, ovviamente con moderazione («Puoi bere, ma non ubriacarti»). Chissà quindi se Abd Gabbar ibn Mohamed ibn Hamdis (1056 - 1133), poeta arabosiciliano, era un islamico osservante. Di sicuro non era astemio se scriveva questi versi:

Vino di colore e odor di rosa, mescolato all'acqua
ti mostra stelle fra raggi di sole.
Con esso cacciai le cure dell'animo
con una bevuta il cui ardore serpeggia sottile
quasi inavvertibile.
L'argentea mia mano, stringendo il bicchiere,
ne ritrae le cinque dita dorate.[86]

Infine, nella profondità dell'Asia, in Cina, Li Bai (Li Po), (701-762), ispiratore di confraternite come "Sei oziosi nel boschetto di bambù" oppure come "Gli otto immortali della coppa del vino", esponente di una grande tradizione di poeti e di bevitori, come si appalesa in *Bevendo da solo sotto la luna:*

Una brocca di vino in mezzo ai fiori:
bevo da solo, non ho compagnia.
Alzo il bicchiere e invito la luna:
ecco la mia ombra, così siamo in tre.
Che importa se la luna non sa bere
e la mia ombra non fa che seguirmi?

Per ora godo la loro compagnia:
restiamo allegri finch'è primavera.

Mentre canto la luna vaga intorno,
mentre danzo la mia ombra si sparpaglia.
Da sobri stiamo lieti in compagnia,
ebbri, ciascuno va per la sua strada.
Legati da amicizia spassionata,
c'incontreremo nuovamente in cielo.[87]

VINO E POESIA TRA UMANESIMO E RINASCIMENTO
Il vino dell'età delle grandi bevute

Il periodo storico compreso tra l'inizio del Quattrocento fino ad oltre la metà del Cinquecento si caratterizzò per una decisiva trasformazione della cultura europea, e in special modo di quella italiana. In questo periodo si assistette alla perdita di potere della Chiesa, al dissolversi del sistema feudale che portò alla nascita delle monarchie nazionali e degli stati regionali, allo sviluppo delle città basate su un'economia di scambio dominata dai banchieri e dai mercanti.
Cominciò così a vacillare la convinzione che i temi religiosi fossero gli unici degni di essere studiati e discipline come la fisica o la medicina, fino ad allora disprezzate, cominciarono ad essere discusse all'interno delle scuole e delle Università. Ciò che era in discussione non era la fede in Dio, ma la possibilità di occuparsi anche di altro servendosi della ragione e delle capacità intellettive proprie di ogni uomo.
Da questa volontà di autonomia nacque un "uomo nuovo", intraprendente, capace di conoscere, dominare e modificare la natura e padrone del proprio destino. Furono proprio queste le convinzioni che avvicinarono gli intellettuali del tempo al mondo classico che aveva esaltato quelle stesse virtù di cui essi erano fautori.
Notevole contributo allo sviluppo della cultura umanistica offriranno le Accademie: a Firenze quella Neoplatonica (Ficino, Landino, Pico della Mirandola), a Roma la

Pomponiana (di Pomponio Leto), a Napoli l'Alfonsina, poi Pontaniana (del Fontano), a Venezia l'Aldina (di Aldo Manuzio), ma l'elemento più importante per lo sviluppo della cultura umanistica fu la corte, centro di governo, di rappresentanza, d'arte e di cultura, dove l'intellettuale, grazie al mecenatismo del signore, faceva appunto, l'intellettuale, staccato cioè dalla realtà.
Tra le corti italiane che radunarono letterati, poeti, filosofi, artisti, si distinsero Roma, Napoli, Milano, Ferrara, Mantova, ma soprattutto Firenze.
E proprio a Firenze, mentre il Masaccio lanciava la sua sfida all'arte figurativa riconquistando la modernità dell'impressionismo classico, in tutti i campi si sviluppò una forte attrazione per le manifestazioni esagerate e roboanti, ma anche per il gusto popolaresco, specie se burlone. Come nel caso di Domenico Di Giovanni detto il Burchiello (1404-1449), soprannome dovuto al suo modo particolare di scrivere i versi, "alla burchia", cioè alla rinfusa, forse dovuto al fatto che tra una cosa e l'altra aveva finito per esercitare l'arte del barbiere fornendo ai clienti un servizio completo di barba e poesia. E doveva trattarsi non certo di "versacci" se a quella bottega finirono per fare capo gli uomini di cultura più in vista di Firenze, primo tra tutti il sommo Leon Battista Alberti. E fu scherzando con questi letterati che il Burchiello compose alcuni sonetti ferocemente antimedicei, causa della sua condanna all'esilio. Uscito di Firenze, raggiunse Siena dove subì ben tre condanne per reati comuni, che lo costrinsero prima al carcere poi ad un trasferimento a Roma, sperando in una miglior fortuna alla corte papale, ma nella Città Eterna morì nel 1449, solo e in completa miseria.
La storia appena accennata del Burchiello fa comunque

comprendere com'egli appartenesse a quella genìa che ama il vino, e difatti all'arte del berlo dedicò uno dei suoi sonetti, *caudati,* nel quale descrive con dovizia di particolari l'effetto che gli fanno dodici bicchieri di vino tracannati in rapida successione:

Il primo ber sì m'aguzza la testa,
piglio 'l secondo se gli è netto e puro,
el terzo beo e màndol giù più duro,
al quarto sputo e getto fuor la resta.

El quinto sì mi fa fumar la cresta,
al sesto passerìa co' denti el muro,
el settimo mi fa ir più sicuro
che non va un liòn per la foresta.

A l'ottavo par ch'entro in signorìa,
al nono piglierei con la mia mano
el re di Francia e la suo baronìa;

al dieci passerei e 'l monte e 'l piano,
all'undici acquisterei Saracinìa,
al dodici piglierei el gran Soldano.

Senza tremar la mano
chi m'è davanti, di drieto o da lato,
el gòmbito alzi ed a sé turi 'l fiato.[88]

È questo il periodo in cui l'Italia s'identifica con Firenze, inseguendo il gusto per lo splendore, la perfezione, la magnificenza, il senso edonistico; e in tutto questo ovviamente fu coinvolto anche l'aspetto gastronomico.

Nacque una vera e propria gerarchia di specialisti del servizio, preludio della più moderna brigata di cucina. Gli usi alimentari furono caratterizzati nella ricerca del nuovo e dello sfarzoso, sfociando in una ricercatezza forse di maniera che, nella metà del Cinquecento, portò alla pubblicazione di trattati scritti da grandi cuochi, come Maestro Martino, Cristofaro da Messibugo e Bartolomeo Scappi, e da libri tra i quali il più famoso sarà certamente il manuale detto *Galateo overo de' costumi,* (scritto probabilmente dopo il 1551 ma pubblicato nel 1558, da Monsignor Giovanni Della Casa (1503 -1556), e nel quale si codificava il corretto comportamento da rispettare durante i pasti, inserendo nelle "buone maniere" anche il rito del brindisi. E quindi sulla tavola comparvero per la prima volta il bicchiere individuale, la forchetta, gli stuzzicadenti, il tovagliolo e vennero inventati molti utensili per usi culinari come le rotelle tagliapasta, i setacci e gli spremiagrumi.

È, d'altronde, l'epoca di un'Italia rinascimentale in cui si manifesteranno i più fini estimatori della nobile bevanda di Bacco: come, per esempio, Michelangelo, che nella Cappella Sistina dipingerà la colossale sbornia di Noè; o come Luca Signorelli, che accetterà di affrescare il Duomo di Orvieto a patto che sul contratto, accanto alla retribuzione, siano aggiunti due boccali di buon vino; o anche come più tardi Caravaggio, autore di un "Bacco adolescente" in cui l'uva viene esaltata in una lussuriosa rappresentazione; o infine come Lorenzo de' Medici (1449 - 1492), che fu un "genio" precoce (come lo sarà anche Poliziano). Aveva appena 18 anni quando mise mano al *Simposio,* un poemetto che imitando lo stile e le situazioni della *Commedia,* nello stesso tempo si proponeva come parodia del celebratissimo *Commento* al

Simposio di Platone, del suo maestro Marsilio Ficino. Ma questo *Simposio, ovvero i beoni,* contempla una sfilata di personaggi che hanno in comune una sola cosa, il vino. Sono i grandi bevitori di Firenze, che il Magnifico conosceva bene. Tutti in processione alla volta di un'osteria appena fuori città, a bere un vino appena spillato (dal capitolo VII):

[...]
Ma Benedett, al ber, ci s'interpone:
- D'un padre, disse, no' sian pur figlioli;
el babbo nostro è 'l vin che dà cagione,
che noi dobbiamo stare in più quiete:
Lionardo, io ti vo' vincere a ragione.
Se drento di buon vin bagnati siete,
col vin versato ci bagniam di fuori;
che l'acqua schietta accoglie troppa sete.
- Questo parlar compose i lor fervori,
- Tutti ci hai consolati, Lupicino,
- Benedetto - dicia, - tu m'innamori.
- Poi, volto a Anteo, che era assai vicino,
disse: - Bèi di mia man, ch'io di tua béo;
ma' si fa buona pace sanza il vino.
- Così pace tra lor col vin sifeo.
[...] [89]

E il suo amore per il vino, oggetto delle serate all'osteria prendendo parte a cori carnascialeschi, vuotando una coppa dietro l'altra in gara con Luigi Pulci, si manifesta anche nella sua più nota *Canzona di Bacco* (dai "Canti carnascialeschi"):

Quant'è bella giovinezza,
che si fugge tuttavia!
chi vuol esser lieto, sia:

di doman non c'è certezza.
Quest'è Bacco e Arïanna,
belli, e l'un dell'altro ardenti:
perché 'l tempo fugge e inganna,
sempre insieme stan contenti.
Queste ninfe ed altre genti
sono allegre tuttavia.
Chi vuol esser lieto, sia:
di doman non c'è certezza.
Questi lieti satiretti,
delle ninfe innamorati,
per caverne e per boschetti
han lor posto cento agguati;
or da Bacco riscaldati
ballon, salton tuttavia.
Chi vuol esser lieto, sia
di doman non c'è certezza.
Queste ninfe anche hanno caro
da lor essere ingannate:
non può fare a Amor riparo
se non gente rozze e ingrate:
ora, insieme mescolate
suonon, canton tuttavia.
Chi vuol esser lieto, sia:
di doman non c'è certezza.
Questa soma, che vien drieto
sopra l'asino, è Sileno:
così vecchio, è ebbro e lieto,
già di carne e d'anni pieno;
se non può star ritto, almeno
ride e gode tuttavia.
Chi vuol esser lieto sia

di doman non c'è certezza.
Mida vien drieto a costoro
ciò che tocca oro diventa.
E che giova aver tesoro,
s'altri poi non si contenta?
Che dolcezza vuoi che senta
chi ha sete tuttavia?
Chi vuol esser lieto, sia:
di doman non c'è certezza.
Ciascun apra ben gli orecchi,
di doman nessun si paschi;
oggi siam, giovani e vecchi,
lieti ognun, femmine e maschi;
ogni tristo pensier caschi:
facciam festa tuttavia.
Chi vuol esser lieto, sia:
di doman non c'è certezza.
Donne e giovinetti amanti
viva Bacco e viva Amore!
Ciascun suoni, balli e canti!
Arda di dolcezza il core!
Non fatica, non dolore!
Ciò c'ha a esser, convien sia.
Chi vuol esser lieto, sia:
di doman non c'è certezza.[90]

Lorenzo il Magnifico segnerà il culmine - ma anche il limite - di quello straordinario sessantennio, iniziato con Cosimo de' Medici, in cui la cosiddetta "civiltà occidentale" troverà concentrato in un'unica città, Firenze, il più alto numero di geni e artisti. Lorenzo favorì con ogni mezzo la diffusione della lingua e della cultura volgare. Fu grande mecenate: nel suo palazzo di via Larga accolse filosofi ermetici come Marsilio Ficino e Pico della Mirandola, che ebbero una notevole influenza su di lui e sulla sua creatività poetica, ima propensione che lo indusse a proteggere e promuovere altri valenti poeti come Pulci e Poliziano. Angelo Ambrogini detto Poliziano (1454- 1494) è stato un poeta, umanista e drammaturgo al fianco di Lorenzo de' Medici. A soli 15 anni il Poliziano tradusse il II libro *delllliade,* passando direttamente dal greco ad un latino degno d'un Virgilio. A poco più di 20 anni iniziò a comporre il poemetto delle *Stanze per la Giostra di Giuliano de Medici,* dedicato al fratello di Lorenzo che però sarà assassinato nella congiura dei Pazzi. Il primo libro di questo poemetto, termina con la descrizione del giardino e del palazzo di Venere nell'isola di Cipro e delle sculture rappresentanti scene del corteo di Bacco, con i satiri, le baccanti e l'ebbro Sileno.

Vien sovra un carro, d'ellerà e di pampino
coverto Bacco, il qual duo tigri guidono,
e con lui par che l'alta arena stampino
Satiri e Bacche, e con voci alte gridono:
quel si vede ondeggiar, quei par che 'nciampino,
quel con un cembol bee, quelli altri ridono;
qual fa d'un corno e qual delle man ciotola,
quale ha preso una ninfa e qual si ruotola.

Sovra l'asin Silen, di ber sempre avido,
con vene grosse nere e di mosto umide,
marcido sembra sonnacchioso e gravido,
le luci ha di vin rosse infiate e umide;
l'ardite ninfe l'asinel suo pavido
pungon col tirso, e lui con le man tumide

a crin s'appiglia; e mentre sì l'aizono,
casca nel collo, e' satiri lo rìzono.[91]

Il vino è un argomento che compare con frequenza nella poesia del Poliziano non tanto per lodarne gli effetti, quanto piuttosto come metafora dell'amore che come il vino, non solo provoca l'ebbrezza ma a volte "istupidisce" la mente, come è percepibile in alcuni versi tratti da una delle *Canzoni a Ballo* (CXVII vv. 21 -26):

Del tuo vin non vo' più bere
va' ripon la metadella,
perché all'orlo del bicchiere
sempre freghi la biondella.
Non intingo in tua scodella
che v 'è drente l'aloè.[92]

Oppure in quest'altra *Canzone a ballo* (CXX vv. 1-26) dove quella che comunemente si soleva chiamare *prova d'amore* viene definita, molto più prosaicamente, *spillatura, della botte,* dalla quale il poeta spera di ottenere una "degustazione" di prova:

Canti ognun, ch'i' canterò,
dondol, dondol, dondolò.
Di promesse io son già stucco,
fa' ch'omai la botte spilli:
tu mi tieni a badalucco
colle man piene di grilli.
Dopo tanti "billi, billi",
quest'anguilla pur poi sdrucciola,
per dir pur "lucciola, lucciola,

vieni a me": a me che pro'?
Pur sollecito, pur buchero,
per aver del vino un saggio:
quando tutto mi sollucchero,
egli è santo Anton di maggio.
Tu mi meni pel villaggio
pello naso come un bufolo,
tu mi meni pure a zufolo
e tamburo: or non più, no.
Tanto abbiam fatto a cuccù,
che qualcun già ci dileggia,
e se 'l giuoco dura più,
vedrai bella coccoveggia.
Tu sai pur che non campeggia
la viltà ben con l'amore:
25 che l'è drento e che l'è fore;
fa' da te ch'i' non ci fo.[93]

Ma una serie di convergenze provocò contrasti tra il Magnifico e il Poliziano; questi decise di lasciare per un po' Firenze e viaggiare nel nord Italia.
Ospite alla corte dei Gonzaga di Mantova, il Poliziano scriverà la *Fabula di Orfeo,* una riduzione teatrale che segna il passaggio dalla Commedia dell'Arte, che era la forma di spettacolo laico del Medioevo, al teatro moderno vero e proprio.
La vicenda è nota: morte di Euridice e tentativo dello sposo di recuperarla dagli Inferi, rifiuto dell'amore femminile da parte di Orfeo e sua uccisione per mano delle donne trace in preda all'ebbrezza dionisiaca.
Ed è in quest'opera che, nel *Coro delle Baccanti* (vv. 309-342), l'autore riproduce in termini comico-grotteschi, tipico dei

canti carnascialeschi, il parlare sconnesso di una persona ubriaca:.

Ognun segua Bacco, te!
Bacco, Bacco, euoè.

Chi vuol bever, chi vuol bevere,
vegna a bever, vegna qui.
Voi imbottate come pevere:
io vo' bever ancor mi.
Gli è del vino ancor per ti.
Lassa bever prima me.

Ognun segua, Bacco, te!
Bacco, Bacco, euoè!

Io ho vóto già il mio corno
dammi un po' el bottazzo in qua.
Questo monte gira intorno,
el cervello a spasso va.
Ognun corra in qua e in là,
come vede fare a me;

Ognun segua, Bacco, te!
Bacco, Bacco, euoè!

I' mi moro già di sonno.
Son io ebra, o si o no? ;
Star più ritti e pie non ponno.
Voi siet'ebrie, ch'io lo so. ;
Ognun facci com'io fo:
ognun succi come me:
Ognun segua, Bacco, te!
Bacco, Bacco, euoè!
Ognun gridi Bacco, Bacco,

e pur cacci del vin giù:
poi con suoni farem fiacco:
bevi tu, e tu, e tu.
I' non posso ballar più.
Ognun gridi euoè;
Ognun segua, Bacco, te.
Bacco Bacco, euoè![94]

Di tutt'altra pasta, come si accennava, Luigi Pulci (1432 - 1484) il cui temperamento vivace ed esuberante, lo portava a vedere il lato comico e caricaturale della vita.
Non aveva una cultura umanistica vera e propria ma era prevalentemente un autodidatta che prediligeva un gusto comico-realistico che sfociava sempre in esiti superlativi. Nell'ambito della letteratura fiorentina del '400 il Pulci rappresenta soprattutto la ricerca della continuità con la tradizione volgare e popolare. Si oppose all'impegno intellettuale e serio sul modello del Ficino, ma fu sempre pronto a mettere in luce i lati deformi e grotteschi della realtà, attraverso un linguaggio comico legato al gesto immediato, a forme gergali e rustiche. La sua opera più importante è certamente *Il Morgante,* poema cavalleresco in ottave composto tra il 1461 e il 1471, dove i cavalieri son valenti bevitori (dal canto XVIII, ott.112-115):

Giunto Morgante un dì in su 'n un crocicchio,
uscito d'una valle in un gran bosco,
vide venir di lungi, per ispicchio,
un uom che in volto parea tutto fosco.
Dètte del capo del battaglio un picchio
in terra, e disse: «Costui non conosco»;
e posesi a sedere in su 'n un sasso,

tanto che questo capitòe al passo.

Morgante guata le sue membra tutte
più e più volte dal capo alle piante,
che gli pareano strane, orride e brutte:
- Dimmi il tuo nome, - dicea - vïandante. -
Colui rispose: - Il mio nome è Margutte;
ed ebbi voglia anco io d'esser gigante,
poi mi penti' quando al mezzo fu' giunto:
vedi che sette braccia sono appunto. -

Disse Morgante: - Tu sia il ben venuto:
ecco ch'io arò pure un fiaschetto allato,
che da due giorni in qua non ho beuto;
e se con meco sarai accompagnato,
io ti farò a camin quel che è dovuto.
Dimmi più oltre: io non t'ho domandato
se se' cristiano o se se' saracino,
o se tu credi in Cristo o in Apollino. -

Rispose allor Margutte: - A dirtel tosto,
io non credo più al nero ch'a l'azzurro,
ma nel cappone, o lesso o vuogli arrosto;
e credo alcuna volta anco nel burro,
nella cervogia, e quando io n'ho, nel mosto,
e molto più nell'aspro che il mangurro;
ma sopra tutto nel buon vino ho fede,
e credo che sia salvo chi gli crede.[95]

I motivi dello sviluppo enologico in questo periodo post-medioevale sono molteplici e *in primis* quelli di carattere economico e sociale. Difatti, tra la fine del Medioevo e il Rinascimento iniziò lo sviluppo di quella che si può definire la viticoltura "borghese". I ceti arricchiti con l'artigianato e il commercio investirono le loro risorse finanziarie nella viticoltura, che risultava economicamente conveniente anche perché il consumo del vino era in aumento per l'incremento demografico, l'accentramento della popolazione nelle città e le aumentate disponibilità economiche di più ampie classi sociali. Inoltre, la maggiore sicurezza nelle campagne e la diffusione della mezzadria e di altre forme di compartecipazione, stabilizzando i contadini sulla terra, consentivano la coltivazione di specie arboree a lungo ciclo biologico, come la vite, che richiedono notevoli investimenti finanziari e diligenti cure colturali.

Durante il Rinascimento la viticoltura fu favorita anche dallo sviluppo di un'ampia letteratura dedicata alla vite, caratterizzata da uno spirito nuovo che, esistente allo stato embrionale già nel *Liber Commodorum Ruralium* scritto da Pietro de Crescenzi nel 1308-1309, si manifestò pienamente nelle opere di Bacci, Porta, Alamanni, Sederini, Del Riccio e Micheli. In esse si rileva, infatti, l'intento di osservare e descrivere i fenomeni con l'esperienza valorizzata dalla ragione, secondo una nuova concezione filosofica, che recuperava la dimensione terrestre dell'uomo, il quale aspirava a realizzare sé stesso, senza trascurare il valore del corpo e dei beni di consumo. Contemporaneamente si sviluppavano i germi della ricerca sperimentale e nasceva *Yampelografia* (la vera e propria carta d'identità di un vitigno che ne descrive minuziosamente le caratteristiche), destinata a divenire una delle basi fondamentali per il futuro progresso della viticoltura.

Dal punto di vista culturale, invece, raffermarsi delle Signorie e dei Principati nell'Italia centro-settentrionale trovò un chiaro riscontro anche nelle abitudini alimentari e, come conseguenza, portò all'anelito verso un "bere" diverso da quello che si era consolidato ormai da tempo, sia sulle tavole dei ricchi che su quelle dei poveri. Ogni classe sociale, senza distinzioni, prese a desiderare un vino di più prestigiosa qualità. Sino a quel momento, tra il popolo era diffusa la Vernaccia, ricordata da Dante, Salimbene de Adam, Boccaccio e Sacchetti, diffusa in tutta Italia e così nota che ovunque ormai ne venivano piantati i vitigni. Era così diffusa che di frequente, quando un vino era mediamente buono veniva comunque chiamato Vernaccia, anche se proveniente da altro vitigno.

Poveri e ricchi degustavano soprattutto vini giovani, perché di conservazione e invecchiamento si sapeva ancora poco e le tecniche di mantenimento utilizzate avevano prodotto scarsi risultati. Ciò che distingueva la "bottiglia" della gente comune da quella del signore, stava comunque nella qualità e nella varietà del nettare contenuto. L'artigiano, il borghese o l'artista generalmente si accontentavano di vini locali, mentre la cantina dei signori o dei principi della Chiesa era rifornita anche di prodotti provenienti da altre zone geografiche.

Ci volle però ancora un po' di tempo prima che la "moda" dei vini di qualità si affermasse definitivamente e la Vernaccia restò a lungo nelle abitudini della provincia e delle aree lontane dalle grandi città. L'eccezione in questo senso era costituita da Veneziani e Genovesi che disponevano, specialmente i primi, di un prodotto migliore proveniente dai loro possedimenti in territorio ellenico, a cominciare dalla Malvasia il cui nome aveva origine proprio dalla cittadina greca di Monemvasia. Infatti, alla fine del Quattrocento, secondo i loro gusti, un buon pasto avrebbe dovuto

cominciare con una "pignocata" (dolce piramidale con sciroppo di miele, zucchero e pinoli) e "Malvasia grande" (cioè "forte").
Il vino diventerà presto uno dei personaggi principali nei lussuosi banchetti della Corte Estense, ricchissimi di cibi elaborati e bevande prelibate e splendidi nelle scenografie, diventati veri e propri spettacoli con un complesso ornamentale ricercatissimo. Molti dei più noti artisti del Rinascimento si sono infatti cimentati proprio con le scenografie di tali eventi, pensiamo ad esempio ai banchetti "a tema", vere citazioni della tradizione classica greca e latina. Un esempio memorabile si ebbe a Ferrara per le nozze tra Alfonso II e Barbara d'Austria, celebrate nel 1565.
Nel XVI secolo (periodo che si è meritato l'appellativo di "età delle grandi bevute") nel campo del vino emerge la figura di Sante Lancerio, storico e geografo ma soprattutto "bottigliere del papa", e difatti può essere ricordato come uno dei più grandi esperti di enologia. Figura dotta e poliedrica del Rinascimento, a lui papa Paolo III Farnese (pontefice dal 1534 al 1549) affidò infatti la cura della sua tavola raffinata, sempre imbandita di cibi e vini pregiati, condensando le sue conoscenze in una lettera, scritta molto probabilmente nel 1559 e indirizzata al cardinale Guido Ascanio Sforza, nipote del papa, e in due relazioni sui viaggi e i giudizi enologici di Paolo III. Il manoscritto inedito "Della natura dei vini e dei Viaggi di Paolo III" venne poi dimenticato e fu quindi ritrovato e prodotto a stampa da Giuseppe Ferraro nel 1876. La lunga esperienza pratica venne così tradotta in un memoriale di impressioni gustative controllate sulla base di prove alterne, ora dello stesso papa ora del bottigliere.
Nella missiva, a buon diritto considerata il primo testo della

letteratura enologica italiana, si analizza gusto e retrogusto, aspetto e profumo, elementi indispensabili da considerare, assieme a stato d'animo, circostanze e periodo dell'anno, prima di bere un vino. Dal nostro intenditore apprendiamo, per esempio, che il vino spagnolo era ritenuto troppo forte, mentre i vini francesi, seppur ottimi, risentivano del terreno di provenienza.

Fra le produzioni italiane, il Lancerio giudica:

- il moscatello ideale per osti e «imbriaconi»;
- il Greco della Torre, buono per la servitù ma non per gli alti prelati;
- il rosso di Terracina ottimo per notai e copisti;
- il Mangiaguerra di Napoli pericoloso per il clero ma ideale per «incitare la lussuria delle cortigiane».

In testa alla classifica delle preferenze del bottigliere del Papa c'erano vini come Malvasia, Greco d'Ischia, Vernaccia di San Gemignano e Nobile di Montepulciano. Nella terminologia di Sante Lancerio, ricca e precisa, riconosciamo molti termini del gergo dei sommelier e degli enologi contemporanei. Per definire il gusto egli impiega parole come "tondo, grasso, asciutto, fumoso, possente, forte, maturo". Per il colore utilizza "incerato, carico, verdeggiante, dorato" e così via.

E sempre Sante Lancerio a testimoniarci che nel Rinascimento si cominciò a manifestare, seppur sommariamente, la ricerca dei possibili abbinamenti tra vini e cibi, difatti nei menù si andò a designare una progressione che andava dai vini bianchi leggeri per gli inizi del pasto, ai vini forti o inebrianti per i dessert, passando attraverso i rossi degli arrosti. Come nel Medioevo chiudeva il pranzo ITppocrasso, vino aromatizzato alle spezie, considerato anche un ricostituente per malati e puerpere. D'altra parte bisogna ricordare che

all'epoca di Lancerio il vino era anche una componente fondamentale del banchetto, parte essenziale del nutrimento inteso come ricerca di perfezione e di equilibrio, piacere da non perdere e da coltivare con arte e moderazione. Lancerio seguiva il papa nei suoi viaggi e, così come quando era in sede, procurava di allestire una tavola perfettamente imbandita, servendosi di maestri della cucina quali Giovanni de Rosselli e Bartolomeo Scappi. Era soprattutto attento alla scelta dei vini, affinché durante gli spostamenti del papa questi non "avessero a soffrire" durante il trasporto. La sua opera, unica nel suo genere tra quelle in materia enogastronomica, è anche uno spaccato di storia della vita rinascimentale: oltre il racconto sui viaggi del papa, il trattato analizza circa 50 qualità di vino che sono da degustare a seconda dello stato d'animo, delle circostanze contingenti, del periodo dell'anno e persino dell'ora del giorno.
La Chiesa cattolica ha sempre considerato con attenzione la viticoltura pagando le prestazioni dei suoi dipendenti anche in natura, corrispondendo loro parti di vino, tanto che nel 1562 l'Arcivescovo di Parigi scomunicò i "diablotinos", insetti che danneggiavano le viti, e fino al XVIII secolo il Municipio di Torino comprava a Roma una "maledittione" che l'Arcivescovo, in una cerimonia pubblica, scagliava contro i parassiti delle vigne.
Ma lo sviluppo di "una certa idea di vino" contagerà ben presto la Francia, anche per via degli stretti rapporti con Firenze. Tra i primi a venirne colpiti c'è Francois Villon (1431 -1464), poeta francese, ladro e vagabondo il cui vero nome era Francois de Montcorbier. Mentre ancora infuriava la guerra dei Cento Anni, il giovane Francois trascorse il periodo degli studi in una Parigi irrequieta, in un ambiente studentesco

burlesco e goliardico, facendosi coinvolgere allegramente in questo clima in cui non mancava la frequentazione di ambienti equivoci, piaceri sfrenati e risse che spesso si verificavano nella comunità studentesca. Divenne baccelliere presso la facoltà delle Arti di Parigi e poi maestro in arti. Ma poi dovette lasciare Parigi per aver ferito a morte un prete per questioni di donne. Tornò l'anno seguente, graziato da re Carlo Vili, ma prima di Natale partecipò ad un clamoroso furto alla facoltà di teologia del collegio di Navarra e dovette rifuggire. Fu in questo periodo che scrisse il *Lais o Petit Testament,* in cui si ritrova l'eco delle sue disavventure, delle sue frequentazioni di emarginati e ladri e delle sue avventure amorose. Passò quattro anni peregrinando per la Francia, vivendo di espedienti; per un certo periodo fece parte di una banda di delinquenti, i Coquillards, noti per la loro ferocia. Fu di nuovo incarcerato e condannato a morte, e di nuovo graziato. Scrisse la sua opera più famosa, il *Testament,* detto anche Gran Testamento, nel primo trimestre del 1462. Alla fine dello stesso anno, rimesso in prigione per il vecchio furto al collegio di Navarra, fu scarcerato dietro promessa di restituire centoventi scudi d'oro. Coinvolto in un'altra, ennesima, rissa con un ferito grave, dati i suoi precedenti fu condannato ad essere impiccato; egli scrisse allora il suo *Epitaphe,* meglio conosciuto come *La ballata degli impiccati* che pochi anni fa il cantautore Fabrizio De' André ha trasformato in una canzone di successola sentenza di morte fu convertita in dieci anni di esilio. E da allora di Francois Villon si perse ogni traccia: semplicemente, sparì.
Di questo singolare personaggio da "bettola d'infimo ordine" si vogliono proporre i versi d'una composizione nota e rappresentativa, *La ballata di Margot la cicciona:*

Se amo e servo la mia bella con devozione,
forse mi ritenete vile o stolto?
Le sue virtù sono arcinote a tutti,
per il suo amore io sono pronto a battermi.
Quando vengono i clienti corro coi bicchieri,
verso il vino senza spanderne una goccia,
reco acqua, formaggio, pane e frutta.
E se pagano bene dico: "Agli ordini!
Tornate pure quando siete in fregola,
in questo casino dove ce la spassiamo"

Ma qualche volta scoppia una gran lite,
capita se Margot viene a letto senza soldi,
non la posso vedere, la odio con tutto il cuore.
Le prendo allora i vestiti e la cintura
E giuro che me li terrò come pegno.
Coi pugni sui fianchi lei mi grida "Anticristo!"
e promette nel nome del Salvatore
che me la farà pagare; io afferro un tizzone
e minaccio di sbatterglielo in faccia,
in questo casino dove ce la spassiamo

Poi facciamo pace e lei emette un peto
più velenoso di un laido scarafaggio.
Ridendo m'assesta un pugno sulla testa,
"Bello" mi chiama e mi batte sulla coscia.
Ubriachi dormiamo come ghiri.[96]

Ad ereditare, almeno in parte, il lascito ingombrante d'un Villon è **Francois Rabelais** (1494 -1553) scrittore e umanista, considerato uno dei più importanti protagonisti del

Rinascimento francese, noto soprattutto per il *Pantagruel* (1532) e il *Gargantua* (1534). Rabelais è uno degli umanisti più noti del Rinascimento, che lottano con entusiasmo per rinnovare, alla luce del pensiero degli antichi, l'ideale filosofico e morale del loro tempo. La sua opera viene subito inserita nell'Index *Librorum Prohibitorum.*
Ma è anche considerato come il maggior esponente di quel particolare filone della cultura rinascimentale definito come Anticlassicismo o Antirinascimento, che, rifiutando le norme tematiche e linguistiche dei generi "alti", come la lirica amorosa petrarchista o l'epica cavalleresca, sceglie invece come argomento tutto ciò che è "basso", come il corpo e le sue funzioni, il cibo, il vino, il sesso, e quant'altro, contraddistinguendosi, sul piano linguistico, per una grande ricchezza e creatività verbale. C'è da dire che l'opera rabelaisiana non attiene propriamente all'arte poetica e tuttavia è difficile estrarla totalmente da tale dignità. Basterebbe il titolo d'un'opera pubblicata a Lione nel 1564, citata in un testo praghese del 1622, e ritrovata nella Repubblica Ceca appena nel 1995: *Trattato sul buon uso del vino che deve essere abbondante & continuo per alleviare l'anima & il corpo & contro tutte le malattie degli organi esterni & interni composto a uso & profitto dei fratelli della corporazione dei nasi scintillanti dal maestro Alcofribas coppiere supremo del grande Pantagruele.*
Ne, d'altra parte, si può affermare che all'interno del *Gargantua e Pantagruele,* la poesia sia estromessa, come dimostra il Capitolo XLVI del Libro Quinto:

Certo è di Bacco ispirazioni poetica,
Che negl'intimi sensi lo farnetica,
E lo spinge in tal modo a canticquare.

Perché senza fallo
Lo spirito è preso,
E tratto nel ballo
Da questo liquore:
Dal grido al riso,
Dal riso all'estro,
Così rapito il suo grazioso cuore,
Divien retorico,
E vincitore
Di chi sogghigna.
E visto il suo cervel così fanatico,
Certo non si farebbe cosa tòpica
A beffeggiar sì nobil trincatore.
[...]
O buon Dio, Padre supremo,
Che mutasti l'acqua in vino,
Fa' del mio culo un lanterne, Da illuminare il mio vicino.
[...]

In Ateneo già noi vediamo scritto
Che quel tripode bene ci ha descritto,
Ed era solamente una bottiglia,
Ripiena di quel vino, che si origlia:
Del vino della verità,
Più schietto in sincerità,
D'ogni arte di divinazione,
Come ci dà insinuazione,
La parola della Bottiglia.[97]

Insomma con Rabelais si ritorna in qualche modo a certi aspetti della filosofia greca (né forse potrebbe essere altrimenti, essendo il Rinascimento nutrito di antichità classica): il vino torna ad avere una valenza particolare, non nella sua corporea sostanza di gradevole succo della vite, ma come espressione e fonte di passione e ansia di conoscenza. Di là dagli effetti godibili e spesso comici che la bevanda provoca (sembra ammonirci il grande monaco benedettino), bisogna saper cogliere con pazienza e intelligenza il "senso nascosto" che essa custodisce.

VINO E POESIA NEL SEICENTO E NEL SETTECENTO
Il vino manierista e razionale

Se in Francia, con Rabelais, più che altrove si manifestava, sul calare del Cinquecento, il trionfo rinascimentale del binomio filosofia-vino, l'inglese Thomas More (1478- 1535), italianizzato in Tommaso Moro, umanista, scrittore e politico, già intorno agli anni venti dello stesso secolo aveva disegnato i contorni di una "città ideale", chiamata *Utopia* dove gli abitanti «bevono vino d'uva, oppure sidro di mele o di pere» e «sono forse un po' troppo portati in questo senso, talché non ritengono proibito nessun genere di piacere, purché non ne consegua poi un qualche danno». Altri, nel trapasso tra Cinque e Seicento, recepiranno l'eredità di ambedue; e tuttavia va detto che per i successivi due secoli, cioè il Sei e Settecento, non emerge un significativo contributo dell'arte poetica alla tensione dialettica del tempo, un posto che sarà invece occupato proprio dalla filosofia che troverà autorevoli protagonisti della scena europea, specie inglese, i quali non trascurano, tra gli argomenti trattati, quello del vino.
Tuttavia occorre segnalare l'inequivocabile distanza della percezione "eno-poetica" tra il filosofo dell'età classica e il nuovo filosofo, "tardo-ermetico" e "protoscientifico". Lo si farà parlando di un altro inglese, Sir Francis Bacon, italianizzato in Francesco Bacone (1562 -1626) a cui, così come a Thomas More, il concetto di utopia, del *regnum homints* perfetto e compiuto, era particolarmente caro. Francis Bacon tra l'altro è considerato il filosofo empirista della rivoluzione scientifica, quello che ha incentrato la sua riflessione nella ricerca di un metodo di conoscenza della natura che possiamo definire,

appunto, scientifico. Anch'egli, in una delle sue opere più note, *Nuova Atlantide,* immagina un'isola sconosciuta in cui tutto è perfetto, alla quale giungono accidentalmente, dopo una avventurosa navigazione, un gruppo di naufraghi, accolti da gentili personaggi del luogo che subito gli servono un pranzo:

davvero ricco e consistente di vivande sane, sia solide che liquide, certo migliore e più abbondante delle diete dei collegi europei.[98]

Mentre le bevande

erano di tre tipi, tutte buone e sane: vino d'uva, un'altra di grano simile alla nostra birra ma chiara e trasparente, e una specie di sidro ricavato da un frutto di quel paese, gradevolissimo da bere e molto rinfrescante.

difatti i campi,

oltre alle viti, sono piantati ad alberi e arbusti da frutta destinati alla produzione di molte specie di bevande.

Anzi, il personaggio che fa da guida ai perplessi naufraghi spiega ad uno di loro:

Non ti tedierò con l'elenco degli opifici di vino, sidro, birra e altre bevande e prodotti simili d'ogni sorta; delle cucine per la confezione e la preparazione di intingoli e pietanze rare e mai viste, con effetti speciali. Abbiamo il vino d'uva ma anche bevande spremute da altri frutti... Tutte queste bevande raggiungono diverse età, alcune tenute in riserva anche per quarant'anni.

D'altro canto lo stesso Francesco Bacone doveva tenere il vino in altissima considerazione, se finì per utilizzarlo anche a scopo medicamentoso, come racconta una biografia redatta da William Rawley:

Quanto a medicine, Bacone visse da medico ma non da malato. Prese sistematicamente una dramma e mezzo, non più, di rabarbaro infuso e macerato per mezz'ora in un sorso di birra e di vino bianco una volta ogni sei o sette giorni, poco prima dei pasti di mezzodì o della sera affinché prosciugasse di meno il corpo.[99]

Ma *c'è* qualcosa che non convince nel modo in cui il vino ci viene qui presentato. Non è allegro, né tragico, né sacro; non si sa bene cosa sia. Ci proverà a chiarire le cose anche un altro inglese, William Shakespeare (1564 - 1616) che dimostra la sua affiliazione alla confraternita dei bevitori, nell' *Enrico IV (parte II, atto V, scena III):*

Un bicchier di vino frizzante e chiaro
Io bevo all'amor mio caro
Cuor contento cent'anni camperà.
[...]
Vogliamo stare allegri ora viene la dolcezza della sera
Riempite la coppa e passatela in tondo
Io la brindo a voi fosse un miglio profonda. [100]

Ma è un caso isolato, una iniezione tragica nella commedia umana, come solo Shakespeare poteva fare. Ma è di derivazione cinquecentesca. Questo è il grande limite del Seicento, la poesia non riuscirà ad incidere in modo determinante su un'evoluzione della filosofia che strizzava l'occhio all'incipiente tecnologia e alla cultura materiale, tanto che lo stesso vino - dopo i tempi immemori in cui ha rappresentato la possibilità dell'eccesso, della dismisura, e quindi dell'uscita dagli angusti limiti della dimensione limitata della natura umana, e dopo essersi trasformato in simbolo di comunione con il divino - insomma dopo tutto questo, ecco che il frutto della vite viene ora ricondotto a ben più modesta misura, praticamente un semplice alimento. Insomma, come accade per le altre realtà della civiltà, manierista prima e barocca poi, il vino inizia per così dire a essere considerato *iuxta propria principia.* Diventa una bevanda di cui si percepisce il sapore, l'odore e le altre proprietà, consentendoci di giudicarlo più o meno gradito alla nostra percezione sensoriale.

Bisognerà forse tornare in Italia dove, tra l'altro, troviamo un altro filosofo ammirato incondizionatamente da Francesco Bacone; si tratta del frate calabrese Tommaso Campanella, al secolo Giovan Domenico Campanella (1568 -1639), che si presenta subito, seppure non subito col vino, con pochi ed inequivocabili versi in *Delle radici de' gran mali del mondo:*

> *Io nacqui a debellar tre mali estremi;*
> *tirannide, sofismi, ipocrisia [...]*
> *Carestie, guerre, pesti, invidia, inganno,*
> *ingiustizia, lussuria, accidia, segno,*
> *tutti a que' tre gran mali sottostanno*
> *che nel cieco amor proprio, figlio degno*
> *d'ignoranza, radice e fomento hanno.* [101]

E difatti sarà condannato per eresia dal Sant'Uffizio, certo non solo per una sua irriguardosa annotazione riferita ai preti, secondo la quale «la messa si celebra per bere ancora una volta», quanto piuttosto in quanto autore di un testo in cui, in una sorta di "renovatio saeculi" viene disegnato il profilo di una società perfetta, armonica, dove il tutto dovrebbe ritrovare la propria unità originaria: *La città del sole,* anche questa, come *Y Utopia* di Moro, una città ideale, canonicamente circolare e in cui posiziona, al di fuori del secondo girone:

tutte sorti di laghi, mari e fiumi, vini ed ogli ed altri liquori, e loro virtù ed origini e qualità; e ci son le caraffe piene di diversi liquori di cento e trecento anni, con li quali sanano tutte l'infirmità quasi. [102]

Il vino e gli altri liquori sono dunque utilizzati in questa città ideale per sanare tutte le possibili malattie e infermità. E gli abitanti, sazi di tutto - avendo ognuno ciò di cui ha bisogno, e nessuno potendo di conseguenza far torto agli altri -vivono almeno cento anni:

al più centosettanta o ducente al rarissimo.

Sono inoltre

molto temperati nel bevere: vino non si dona ai fanciulli sino alii diciannove anni senza necessità grandissima, e bevono con acqua poi, e così le donne; li vecchi di cinquanta anni in su beveno senz'acqua.

Come se non bastasse, in un componimento intitolato *Della possanza dell'uomo* il filosofo rileva come l'uomo esprima con forza la straordinarietà della propria natura comandando tutto il creato, anche perché:

preme l'uve e ne fa vino, liquor divino.
Liquor divino, che gli animi allegra.

Il povero frate, però, ricco di spirito, passò buona parte della

sua vita nelle carceri di varie città, rultima volta a Napoli per ben 27 anni. Il primo guaio con la giustizia ecclesiastica lo passò per aver scritto il *De sensu rerum et magia,* sequestrato a Bologna dal Sant'Uffizio che aveva percepito zaffate d'eresia ed un eccesso di fervore magico in quanto, nel trattato, Campanella vi persegue una sintesi di naturalismo telesiano e di platonismo: rimproverando a Democrito e ai materialisti di voler far derivare l'ordine del mondo all'azione degli atomi, che non hanno sensibilità, e agli aristotelici la mancata iniziativa di Dio nella costituzione della natura.
In questo nuovo clima materialistico in cui il vino, nonostante tutto, tende a regredire fino a prospettare la possibilità d'essere scambiato per un qualunque elemento del mondo naturale, non è tuttavia strano che Galilei provasse un sincero interesse nel leggere le missive con cui l'intimo amico Giovanni Francesco Sagredo (1571-1620) matematico veneziano (celebrato dopo la sua morte, facendolo divenire uno dei personaggi del *Dialogo sopra i due massimi sistemi del mondo)* lo teneva informato sulle sue ultime invenzioni, tra le quali spiccava quella di un imbuto per rinfrescare o riscaldare il vino, oppure quella di un bicchiere per bere col ghiaccio. Invenzioni che Sagredo riteneva rese possibili da uno stimolo preciso, la prelibata bevanda bevuta in casa Galilei.

Soltanto dopo aver bevuto due bicchieri del vino di V. S. Eccellentissima sono scaturite queste invenzioni.

Ma per tornare a Campanella, va rilevato come anche questa volta ad averci messo lo zampino è la solita famiglia fiorentina: difatti il *De sensu rerum et magia* era dedicato al granduca di Toscana Ferdinando I de' Medici, il quale nel frattempo ospitava il poeta savonese Gabriello Chiabrera

(1552 - 1638) che qualcosa di interessante, sul vino, l'aveva da dire. Di famiglia aristocratica, Chiabrera visse a stretto contatto con la nobiltà del suo tempo e scrisse numerose opere in versi entrate a far parte del patrimonio letterario classico italiano. Spesso contrapposto al poeta coevo Giambattista Marino fu il cantore della grecità e di quello che verrà poi definito "classicismo barocco"; nel quale, a ben ragione, rientrano le "immagini", non solo bucoliche quanto piuttosto sensoriali, contenute nella raccolta di poesia intitolata significativamente: *Le vendemmie del Parnaso,* dove, in un'atmosfera diffusa di gioia di vivere e trionfo d'allegrezza, si sancisce la liturgia laica che celebra l'annuale rinnovarsi del patto di alleanza tra la Natura e l'Uomo, che trova la sintesi nella raccolta dell'uva matura, liricamente raccontata nella poesia *Lodasi la vendemmia:*

Parmi, caro Pizzardo,
l'autunno a venir tardo,
con tal desio l'aspetto;
e tanta smania in petto
ho di torre alle viti
gli acini coloriti:
venturose giornate
a ragion desìate;
veder chiome canute
e fresca gioventute
gir per la vigna intorno
e come s'alza il giorno
i coltelli arrotare
e i grappoli tagliare.
Alcuno è che racconcia
la pulita bigoncia;

chi buon graticci appresta;
altri riponsi in testa
gran corba e gran paniere
pien d'uve bianche e nere;
chi pigia e cresce il vino
al ben cerchiato tino.
Le vaghe forosette (contadinelle)
succinte in gonnellette
fanno schiamazzo intanto
e sollevano il canto,
gloria della vendemmia.
Gravissima bestemmia
prenda l'uom, che fa l'arte
di ministrare a Marte
micidiale acciaio;
sia felice il bottaio:
ei sol fabbrica in terra
l'arche, dove si serra (casse)
di Bacco il bel tesoro,
bello vie più che l'oro. [103]

È una poesia che evidenzia la profonda dicotomia tra la vita agreste, sana e allegra, con quella vissuta da chi "amministra" l'arte del dio Marte. Da notarsi che qui il vino ancora non c'è, è *in nuce,* "sul punto di". Solo alla fine si cita il "tesoro" di Bacco che vale più dell'oro. È tutto un incitamento alla vita, cadenzato in versi e tempi quasi musicali.
D'altronde è da rilevare che l'attività letteraria di Chiabrera coincise con le origini dell'opera lirica ed egli stesso ebbe modo di occuparsene in diversi scritti e lettere, fra cui il trattato *I musicisti e la lirica.* Un bell'esempio è fornito dai versi di *Damigella,* poi musicata da Monteverdi nei suoi *Scherzi*

Musicali a tre voci:

Damigella tutta bella
Versa versa quel buon vino.
Fa' che cada la rugiada
Distillata di rubino.

Damigella tutta bella
Versa versa quel buon vino.
Fa' che cada la rugiada
Distillata di topazi.

Deh dispensa su la mensa
Che ci fa si lieta erbetta
Damigella tutta bella
Di quel vin che più diletta.

Di mia diva se si scriva
Il bel nome con sei note
Or per questo io m'appresto
A lasciar sei coppe vote.

Ma s'io soglio, nel cordiglio.
Sempre dir del tuo bel vanto
Maggiormente al presente,
N'oda dir, che rido e canto.

Son ben degni, ch'io m'ingegni,
Quei begli occhi ad onorarli,
Son ben degni, ch'io m'indegni,
Quei bei risi a celebrarli.

C'è da dire che a non trovare scontata questa dicotomia tra gli affari d'arme e quelli di bicchiere e, in definitiva, ad essere meno ossequioso nei confronti del vino, era un autore che però si trovava in Spagna, Miguel de Cervantes (1547 - 1616) che non aveva remore ad ammettere: «Bevo quando ce n'è l'occasione, e a volte quando non c'è» e al suo *alter ego* Sancio Panza, faceva dire:

[...] - Ammetto - rispose Sancio - di riconoscere che non è disonore chiamar qualcuno figlio di troia, quando ricade nell'intenzione di farne delle lodi. Ma lei mi dica, signore, per il bene di ciò che ha più caro, questo non è vino di Ciudad Reai? -Magnifico assaggiatore! - rispose lo scudiere del Bosco - È proprio di là, e ci ha alcuni anni di invecchiamento.
-A me questo? - disse Sancio -. Non creda che mi sia sforzato molto per riconoscerlo. È strano, signor scudiere, ma in fatto di riconoscer vini io ho un istinto così profondo e nativo che basta farmene odorare uno qualunque e io ne indovino la patria, la stirpe, il sapore, l'età e i cambiamenti che deve fare, con tutte le particolarità relative. Ma non c'è da stupirsene, perché nella mia razza per parte di mio padre ho avuto i due più eccellenti assaggiatori che ebbe per lunghi anni la Mancia; e a prova di ciò, capitò un fatto che le voglio raccontare [...].[104]

Ma questa è prosa, non poesia. La poesia, specie l'italiana, ha bisogno di ben altri modi per esprimersi. E difatti parrebbe che laddove, come a Firenze e in generale in Toscana, era presente una indiscussa continuità culturale rivolta a tutte le arti, il vino riusciva a mantenere la sua autorevolezza poetica. La stessa che si trova nelle Venezie, dove non si può trascendere dalla conoscenza di un singolarissimo poeta: tal Ludovico Lepòreo (1582-1655) nativo di Cormons in Friuli, che, fattosi prete si trasferì nella Roma della controriforma dove si mise a inventare versi dalla complicatissima struttura metrica: i leporeambi, sonetti originalissimi ricchi di rime interne e bisticci, invenzioni linguistiche e cozzi. «Ho ritrovata», scriveva, spiegando la sua invenzione:

[...] e publicata una norma poetica di forma bisbetica, e con licenza dell'eccellenza d'Apollo ho fatto un rollo ed una vasta catasta di rimucciole sdrucciole e componimenti scivoli, correnti al paragone del Teverone di Tivoli, alla barba de larba e di quanti coribanti cantorno nel contorno di Arno, d'Ebro, di Sarno e di Tebro. [105]

Di sé diceva «vo a caccia e in traccia di parole, e pescole». Insomma, fu un inventore felice di neologismi, divertito deformatore di suffissi per non mancare al dovere della rima, tanto che così si presentava:

O *Signori verseggiatori, Accademici Armonici, Aristodemici, Platonici, Mistici, Scolastici, Umoristici, Fantastici, avidi di poemetti, gravidi di concetti, tronfi di boria, gonfi di vanagloria che sapete essere, e potete tessere studiosa melodia in prosa ed in poesia, leggete [...].*[106]

I versi di Leporeo sono fuochi d'artificio. La sorgente della sua ispirazioneSpiegava, non è mai secca:

E la fontana pegasiana m'innonda così feconda, che non m'occorre l'asciuttarello rimario del Ruscello, né mi soccorre il crusco vocabolario etrusco, non avendo inopia, ma possedendo copia di parole inaudite e di cantafole erudite.[107]

Rincuora trovare, dopo le seriose "utopie" e "città ideali", i versi d'un poeta che ama un vino brioso come i suoi versi che, d'impatto, appaiono molto poco seicenteschi:

Imita Omero in bevere e scrivere

ero, iro, oro, uro

Son poeta di bieta, imito Omero:
ché di vin mero inebriomi d'Epiro,
ma non deliro e meglio fo il mestiero
di canzoniero e carmi d'armi stiro.
Metrico spiro entosïasmo vero
e bombardiero avanzo Achille diro,
e canto d'Iro, Ulisse ed il guerriero
Ettore fiero, e spessi rutti tiro.
A lauree aspiro d'apollineo alloro
minio e lavoro come Alberto Duro,
a chiaro scuro avanzo Polidoro.
E s'io non moro tisico maturo,
esser m'auguro corifeo del coro,
poiché, com'oro, il vino urino al muro.[108]

E vale la pena scoprire un altro autore delle stesse zone del Lepòreo, non a caso donatrici d'ottimi vini, il veneziano Pietro Michiele (1603-1651) poeta lirico e giocoso, di origine patrizia, che compose, tra l'altro, una curiosa opera *Il Cimiterio, Epitaffi giocosi,* oltre ad essere uno degli autori delle *Novelle amorose dei signori accademici incogniti.* Il Michiele suggerisce una rilettura delle nostre convinzioni, rinviandoci ai versi del suo *Dubbio tra bella bocca e buon vino:*

Quinci Bacco, Amarilli, e quindi Amore
mi fan con dolci vezzi invito a' baci;
l'un ne le belle tue labbra vivaci,
l'altro in bicchier di porporino umore.

D'eguai bellezza son, d'egual valore,

e son ambo del par dolci e mordaci;
onde ancora non so qual prima io baci;
che tra doppio diletto è dubbio il core.

Se la tua bocca a la mia bocca unita
Forma di baci un mormone concorde,
mi mordi e baci in un, cara e gradita.

E s'accosto talor le labbra ingorde
ai labri del bicchier eh 'a ber m'invita,
in un punto anco '1 vin mi bacia e morde. [110]

C'è qualcosa in questi versi, tanto differenti dai "leporeambi" quanto a questi accomunati da una medesima freschezza, quasi a comunicare un diritto dei poeti veneti a trattare il vino con la medesima autorevolezza dei toscani. A confermarcelo un'altra composizione del ritrovato Michiele, in cui conferma la sua visione del connubio tra vino e amore, dal titolo *L'inverno:*

A novi scherzi il verno
chiama Vanirne amanti,
e chi non sa gioir non merta vita.
Di vivace Falerno colme tazze spumanti
Bacco in tal tempo a rivotar ci invita;
alma del cor gradita,
de' freddi giorni a rinovar l'onore
venga dolce liquore;
e poscia uniti in non usati modi
de l'algente stagion cantiam le lodi.[110]

Sempre torna, molto più che ricorrente in questo secolo di transizione, lo stretto legame tra la fascinazione, l'amore, il rituale del corteggiamento, e quello del vino, tanto da presentarsi, quasi identico, in quel di Francia, in Molière, al secolo Jean Baptiste Poquelin (1622 - 1673) nel suo *Il Borghese gentiluomo,* di qui si proporrà solo un breve passaggio:

Un dito solo, Filli, per cominciare il giro.
Ah! Quale incanto un nappo nelle vostre mani!
L'armi vostre e del vino si afforzano a vicenda...
Dal vino inumidita più attraente è la bocca
ed il vino le grazie di vostra bocca abbella. [111]

Tuttavia occorrerà tornare alla corte medicea, tra i granduchi Ferdinando II prima e poi Cosimo III, per trovare il maggiore rappresentante della poesia colta, e, beninteso, della poesia "enologica": si tratta, dell'aretino Francesco Redi **(1626** - 1698). Fece parte dell'Accademia della Crusca e fu tra gli addetti alla correzione del "Vocabolario". Membro dell'Accademia del Cimento, a lui si debbono interessanti scoperte biologiche realizzate applicando i criteri sperimentali della scienza galileiana. In particolare egli si dedicò al tema della "generazione spontanea", mettendo in discussione ciò che la gente comune era propensa a credere, e cioè che la vita si potesse generare spontaneamente almeno nelle sue forme più semplici, tale da produrre insetti e vermi dalla carne in putrefazione e da tronchi marci, rane e pesci dal fango per non parlare di topi da camicie sporche da sudore. Ma il "naturalista" Francesco Redi dimostrò correttamente che i vermi della carne compaiono solo se questa è lasciata a disposizione di mosche che vi deporranno le uova.
Difficile dire quanto i suoi studi scientifici abbiano influito sul

suo interesse per il vino, visto che anch'esso è il prodotto di una conversione batterica, ma probabilmente qualche influsso lo ebbero. Difatti di tutte le opere poetiche del Redi la più celebre è il ditirambo *Bacco in Toscana,* tripudiante elogio del vino, prendendo spunto dal corteo di Bacco di ritorno dalle Indie descritto nelle *Stanze* del Poliziano.

Il testo, soprattutto famoso per la descrizione dell'ebbrezza di Bacco, immaginato ad assaggiare i vini toscani e francesi, offre un divertente catalogo del tempo, sviluppando il componimento in ben 980 versi, facendo anche una requisitoria contro tè, caffè, sidro, birra e i diversi prodotti non italiani derivanti dalla distillazione alcolica.

Anche nei versi del Redi l'andamento ritmico è talmente musicale che suggerisce quasi un legame tra la poesia e la musica. Si può anzi dire che essa non nasca tanto da un'ispirazione poetica quanto da una ispirazione ritmica, quasi si trattasse di un'evoluzione di quanto già aveva suggerito il Chiabrera:

[...] Del sì divino
Moscadelletto
Di Montalcino
Talor per scherzo
Ne chieggio un nappo;
Ma non incappo
A berne il terzo;
Egli è un vin, ch'è tutto grazia,
Ma però troppo mi sazia.
Un tal vino
Lo destino

Per stravizzo e per piacere
Delle vergini severe,
Che racchiuse in sacro loco
An di Vesta in cura il foco;
Un tal vino
Lo destino
Per le dame di Parigi,
E per quelle,
Che sì belle
Rallegrar fanno il Tamigi.
[…] Se la druda di Titone
Al canuto suo marito
Con un vasto ciotolone
Di tal vin facesse invito,
Quel buon vecchio colassù
Tornerebbe in gioventù.
Torniam noi trattanto a bere:
Ma con qual nuovo ristoro
Coronar potrò 'l bicchiere
Per un brindisi canoro?
[…] Satirelli
Ricciutelli,
Satirelli, or chi di voi
Porgerà più pronto a noi
Qualche nuovo smisurato
Sterminato calicione,
Sarà sempre il mio mignone;
Nè m'importa, se un tal calice
Sia d'avorio, o sia di salice,
O sia d'oro arciricchissimo;
Purchè sia molto grandissimo.

[...] Benedetto
Quel Claretto,
Che si spilla in Avignone,
Questo vasto bellicone
Io ne verso entro 'l mio petto;
Ma di quel, che sì puretto
Si vendemmia in Artimino,
Vo' trincarne più d'un tino;
Ed in sì dolce, e nobile lavacro,
Mentre il polmone mio tutto s'abbevera,
Arïanna, mio Nume, a te consacro
Il tino, il fiasco, il botticin, la pevera.
[...] In quel vetro, che chiamasi il tonfano
Scherzan le Grazïe, e vi trionfano;
Ognun colmilo, ognun votilo;
Ma di che si colmerà?
Bella Arïanna con tua bianca mano
Versa la manna di Montepulciano:
Colmane il tonfano e porgilo a me.
Questo liquore, che sdrucciola al core,
O come l'ugola e baciami e mordemi!

O come in lacrime gli occhi disciogliemi!
Me ne strasecolo, me ne strabilïo
E fatto estatico vo in visibilïo.
Onde ognun, che di Lïeo
Riverente il nome adora,
Ascolti questo altissimo decreto,
Che Bassareo pronunzia, e gli dia fè:
Montepulciano d'ogni vino è il re.
A così lieti accenti,
D'edere e di corimbi il crine adorne
Alternavano i canti

Le festose Baccanti;
Ma i Satiri, che avean bevuto a isonne,
Si sdraiaron sull'erbetta
Tutti cotti come monne.[112]

Per valutare appieno il passaggio tra Sei e Settecento può essere opportuno fare un largo giro passando per Parigi ed incontrare Nicolas Boileau (1636 -1711), il più importante teorico dell'estetica classica del Seicento francese, tanto da essere chiamato *législateur du Parnasse.*

Fu tra i principali sostenitori della superiorità degli antichi nella *querelle* degli antichi e dei moderni, polemica letteraria e artistica che agitò l'Académie française alla fine del XVII secolo.

Come poeta, Boileau contribuì a sottolineare il cattivo gusto della letteratura e a fissare in modo chiaro le leggi e le fonti della vera poesia.

Andate vecchi pazzi, andate e imparate a bere.
Si è sapienti quando si beve bene;
Chi non sa bere non sa nulla.

Poiché anche ai più muti il vino fornisce le parole
Ciascuno ha pronunciato le sue massime frivole,
Regolato gli interessi di ciascuna potenza,
Corretto la polizia e riformato lo stato.[113]

Il rinnovato clima di ritorno ad un classicismo non retorico ma, al contrario, solo più moderno, più diretto, lo si incontra in un altro personaggio che si presenta con versi frizzanti, brillanti, seppure un po' scontati nella rima. Si tratta di Paolo Rolli (1687-1765). Nato a Roma visse però molti anni a Londra come precettore dei figli di Giorgio II, dedicandosi a

promuovere la letteratura italiana, e in particolare i classici latini di Orazio, Catullo e Lucrezio.
Anche Rolli nella sua vivace *Ode al vino,* conferma il primato del Montepulciano toscano, lasciando però il giusto riconoscimento allo champagne francese, la cui spuma aggiunge qualcosa in più al sapore del bacio amoroso:

Beviam, o Dori, godiam che il giorno
presto è al ritorno, presto al partir.
Di giovinezza godiam nel fiore;
sian l'ultim 'ore tarde a venir.

Versa Fiammetta, vezzosa figlia,
quella bottiglia di vin Claré.
Duchi e regnanti or non vogl'io;
ma sol, ben mio, brindisi a te.

Aspro egli è questo: dammi 'l PULCIANO
del suol toscano primo liquor:
par nel cristallo rubin brillante,
dolce piccante, divin sapori

Recan la gioia, i vezzi, il riso
già nel tuo viso più bel seren:
sorgon vivaci spirti novelli
a gli occhi belli dal caldo sen.

E troppo ardente il vin di Spagna;
quel di Sciampagna vogl 'io versar:
farò che d'alto lento distilli,
perché zampilli nello spumar.

Bevil, o cara, quando ha la spuma:
tal si costuma gustarlo qui:
così cantando l'ama il Francese,
cheto l'Inglese l'ama così.

Oh come, o bella, l'ardor de i vini
più corallini tuoi labbri fa!
Bacco vi stilla soave umore
d'un tal sapore che amor non ha. [114]

Ma ormai ci troviamo in pieno Settecento, un secolo in cui la ricercatezza sconfina spesso in ima ritualità affettata e scontata, certamente annoiata, come si conviene alla nobiltà decadente. A confermarcelo nel Settecento italiano, è Giuseppe Parini (1729 - 1799) nella sua opera *Il Giorno,* costituito da ben 3604 versi che raccontano la "faticosa" giornata del giovin signore. Anche in questo poemetto il vino si affaccia più di una volta, e tuttavia sono opere meno conosciute del poeta a darci il segno del suo interesse per il vino, un interesse in cui comincia ad adombrarsi un intellettualismo quasi triste, quasi rassegnato, quasi consapevole di un mondo al tramonto. Il primo stralcio è tratto da *Le odi* ed ha per titolo *La laurea:*

Quell'ospite è gentil che tiene ascoso
ai molti bevitori
entro a i dogli paterni il vino annoso
frutto de' suoi sudori;
e liberale allora
sul desco il reca di belfiori adorno,
quando i Lari di lui ridenti intorno
degne straniere onora:
e versata in cristalli empie la stanza
insolita di Bacco alma fragranza.[115]

Sono versi che quasi c'introduco nel secolo a venire, fanno

percepire la sensazione del ricordo come ricchezza, e dell'amicizia, mentre la vecchiaia ormai sopraggiunge a togliere le speranze della bella vita. Rimane però da fare un brindisi ai bei giorni passati e ad onor del vino. E infatti *Il brindisi* è il titolo di un'altra ode:

Volano i giorni rapidi
Del caro viver mio:
E giunta in sul pendìo
Precipita l'età.

Le belle oimè che al fingere
Han lingua così presta
Sol mi ripeton questa
Ingrata verità.

Con quelle occhiate mutole
Con quel contegno avaro
Mi dicono assai chiaro:
Noi non siam più per te.

E fuggono e folleggiano
Tra gioventù vivace;
E rendonvi loquace
L'occhio la mano e il piè.

Che far? Degg'io di lagrime
Bagnar per questo il ciglio?
Ah no; miglior consiglio
È di godere ancor.

Se già di mirti teneri

Colsi mia parte in Gnido,
Lasciamo che a quel lido
Vada con altri Amor.

Volgan le spalle candide
Volgano a me le belle:
Ogni piacer con elle
Non se ne parte alfin.

A Bacco, all'Amicizia
Sacro i venturi giorni.
Cadano i mirti; e s'orni
D'ellera il misto crin.

Che fai su questa cetera,
Corda, che amor sonasti?
Male al tenor contrasti
Del novo mio piacer.

Or di cantar dilettami
Tra' miei giocondi amici,
Augurj a lor felici
Versando dal bicchier.

Fugge la instabil Venere
Con la stagion de' fiori:
Ma tu Lièo ristori
Quando il dicembre uscì.

Amor con l'età fervida
Convien che si dilegue;
Ma l'amistà ne segue

Fino a l'estremo dì.

Le belle, ch'or s'involano
Schife da noi lontano,
Verranci allor pian piano
Lor brindisi ad offrir.

E noi compagni amabili
Che far con esse allora?
Seco un bicchiere ancora
Bevere, e poi morir.[116]

Stessa sorte toccò al palermitano Giovanni Meli (1740-1815) il quale, come Parini, si era visto costretto anche lui ad indossare l'abito talare, pur non avendo preso gli ordini e non avendone la vocazione, ma per poter esercitare la professione di medico in un contesto "dominato" dai monaci benedettini. Meli fu, quindi, soprattutto uomo di lettere che ebbe vasta fama in tutta Italia ed oltre, con relative traduzioni dei numerosi componimenti poetici, tra cui questo *Ditirammu:*

[...] Poi vidennu ddà 'ncostu una cannata,
Di vinu 'mpapanata,
C'un ciàru chi pareva 'na musìa,
La scuma chi vugghièva e rivugghía,
L'agguanta, e mentri l'àvi 'ntra li pugna,
Grida: curnuti, tintu cu c'incugna!

[...] Poi vedendo là accosto un boccale,
di vino ricolmo,
con un odore che pareva una magnificenza,
la schiuma che bolliva e ribolliva,
l'agguanta, e mentre l'ha nella pugna,
grida: "Cornuti, guai a chi s'avvicina!

Tòlama tòlama,
Sciàllaba sciàllaba,
Tumma tumma tummà,
Cori cuntenti, e tummàmu cumpà!
Cannati, arci-cannati, anzi purpaini,
Tumma, tumma, cumpagnu, a trinch-vaini;
Chi cu 'na 'nsirragghiata di sciroppu

Piglia, piglia,
bevi, bevi,
tracanna, tracanna, tracanniamo,
cuore contento, e tracanniamo compagni!
Boccali arci-boccali, anzi vasi profondi
tracanna, tracanna, compagno, a *trinke wein*
che con una bevuta a denti stretti di sciroppo

Si campa allegru e si vinci ogn'intoppu;
E nni fa fari sauti, comu addàini.

si campa allegro e si vince ogn'intoppo,
e ci fa fare salti, come daini.

L'avirrò pri un sollenni cacanàca,
Erramu, tintu, putrunazzu e vili,
Cui di nui chista sira 'un s'imbriaca,
E chi nun crepa sutta lu varrili.

L'avrò per un solenne cacaculla,
disutile, cattivo, poltronaccio e vile,
chi di noi questa sera non si ubriaca,
e chi non crepa sotto il barile.

Scattassi lu diàntani,
Chi vogghiu fari un brinnisi
A Palermu lu vecchiu, pirchì in pubblicu

Schiatti pure il diavolo
che voglio fare un brindisi
a Palermo il vecchio, perché in pubblico

Piscia e ripiscia sempri di cuntinu
'Ntra la funtana di la Feravecchia;
E pisciannu e ripisciannu
Lu mischinu cchiù s'invecchia. […]

piscia e ripiscia sempre di continuo
nella fontana della Fieravecchia;
e pisciando e ripisciando
il meschino più s'invecchia.

Quannu di vinu
Eu fazzu smaccu
Tutti li cancari,
Tutti li trivuli
Li pistu e ammaccu.

[…] Quando di vino
lo faccio gran consumo,
tutti i cancheri,
tutti i triboli,
li pesto e ammacco.

Sorti curnuta m'ài sta grazia a fari,
Chi cantannu e ciullannu comu un mattu,
Pozza tantu cantari, e poi ciullari,
Pri fina chi facennu un bottu, scattu.

Sorte cornuta, mi devi questa grazia fare,
che cantando e cioncando, come un matto,
possa tanto tracannare, e poi cioncare,
fino a quando, farò uno scoppio, schiatto

Da stu gottu, chi pari una purpània,
Mentri lu vinu in pettu mi dilluvia,
Eu sentu, amici, una calura strania,
Chi dintra va sirpennu cùvia cùvia.
Ed intantu li so' effluvia
A la testa si nn'acchiananu;
Mi gira comu strùmmula,
Mi va com'un animulu,
Mi fa cazzicatùmmula
Lu beddu ciricocculu;
Li mura mi firrìanu;
Li porti sbattulìanu;
Lu solu fa la vòzzica;
Lu munnu ohimè s'agghiommara;
Li testi già traballanu;

Di questo gotto, che pare ima gran fossa,
mentre il vino in petto mi scende
sento, amici, una calura strana,
che dentro va serpendo cupa cupa.
E intanto i suoi effluvi
alla testa se ne salgono;
mi gira, come trottolarmi
va, come un arcolaio,
mi fa capitombolo
il bel cocuzzolo;
le pareti mi girano,
le porte sbattono,
il solaio fa l'altalena,
il mondo ohimè! s'aggomitola,
i tetti già traballano;

Tavuli e seggi pri alligrizza ballanu.
Sàrvati, sarva;
Chi tirribiliu!
Guarda, guarda, chi stravèriu!
Si nni vinni lu dilluviu!
Giovi à già sbarrachiati
Catarratti e purticati!
L'autu empiriu purpurinu
Chiovi vinu; all'erta tutti,
Priparati tini e vutti![117]

tavole e sedie per allegrezza ballano.
Salvati, salva;
che scompiglio!
guarda, guarda, che strage!
Se ne venne il diluvio!
Giove ha già spalancati
cateratte e porticati!
L'alto Empireo porporino
piove vino: all'erta tutti,
preparate tini e botti!

VINO E POESIA NELL'OTTOCENTO E NEL NOVECENTO

Il vino scapigliato e illusionista

Dopo la Rivoluzione francese e l'epoca napoleonica, con il crollo *dell'ancient regime,* niente più poteva essere come prima. I governi di allora tentarono la complessa operazione di una restaurazione destinata inevitabilmente a fallire. I precari equilibri ricomposti da Metternich dimostrarono in pochi anni tutta la loro fragilità e soprattutto la loro inadeguatezza ad affrontare i nuovi temi che s'affollavano intorno alle idealità nazionali di numerosi popoli europei: in Italia, in Polonia, in Ungheria, e nella stessa Austria, seppure con motivazioni in parte differenti. E il vento del pensiero romantico sospinse le nuove istanze, alimentandole attraverso quelle modalità dell'espressione artistica che, in Italia, andranno a costituire ciò che è stato definito il "canone risorgimentale".
Il senso di struggente rimpianto per il fallimento delle vicende napoleoniche e per l'aspettativa, delusa, del riscatto nazionale è racchiuso nei versi iniziali del primo dei *Canti* di Giacomo Leopardi (1798 -1837), composto nel 1818, appena tre anni dopo il Congresso di Vienna, intitolato, non a caso, *All'Italia:*

O patria mia, vedo le mura e gli archi
E le colonne e i simulacri e Verme
Torri degli avi nostri,
Ma la gloria non vedo,
Non vedo il lauro e il ferro ond'eran carchi
I nostri padri antichi [...] [118quell]

Con l'affermarsi del pensiero romantico ogni aspetto della

società assume contorni e finalità sino a quel momento insospettabili. Questa considerazione vale anche per il vino che, da un punto di vista letterario, va a ricoprire un diverso ruolo in una società dove lo scrittore ha il compito di indagare le profondità dell'animo umano e che spesso si affida ai poteri del vino per inoltrarsi in tali profondità. Si tratta, ovviamente, di una sostanziale trasformazione della "percezione" del prodotto dell'uva, che diventa uno degli strumenti di comunicazione non solo con gli altri, ma soprattutto con se stessi e la propria interiorità.
A guardar bene, dalla sua nascita fino alla fine del Settecento, il vino aveva simboleggiato, oltre al classico dono offerto alle divinità, un efficace mezzo per elevarsi nella società. Simbolo di prestigio socio-economico, conferiva dignità a chi ne aveva da conservare nelle proprie cantine. Ma il vino non donava i suoi poteri soltanto a coloro che lo mettevano in mostra attraverso bottiglie sempre lustre. A chi ne ammirava soprattutto le sue caratteristiche "magiche", il vino offriva anche l'opportunità di facilitare quella loquacità utile ad intraprendere brillanti discorsi politici, filosofici, religiosi. Con l'avvento del nuovo secolo, quest'immagine del vino viene ulteriormente stravolta, trasformandosi non solo in un mezzo per sviluppare le proprie capacità comunicative, ma anche in un'efficace pozione per chiudersi in se stessi, per evitare il mondo esterno, confuso in un inarrestabile progresso, ma soprattutto per consentire ai propri sensi di elevarsi, superando ogni frequenza dei pensieri mondani, arrivando a sfruttare tutte le qualità di quell'inconscio, sul quale proprio in questo periodo cominciavano a svilupparsi i primi studi.
Per illustrare questa nuova modalità percettiva iniziamo da

Leopardi. In un passo tratto dal *Dialogo di Torquato Tasso e del suo genio familiare,* delle *Operette morali,* si evidenziano elementi quali la noia e il piacere; il rapporto tra la vita, come elemento naturale, e il vivere, come elemento culturale, quindi la visione del futuro e del dolore. Alla domanda di Tasso: «Acciò da ora innanzi io ti possa chiamare o trovare quando mi bisogni, dimmi dove sei solito di abitare», il fantasma, suo genio familiare, gli risponde esplicitamente: «Ancora non Thai conosciuto? In qualche liquore generoso». Un "liquore generoso" che è ovviamente simbolo dell'illusione, di quella "fuga dalla realtà" che comporta lo stato di ubriachezza; Tasso - che nella narrazione è rinchiuso in un ospedale, alternando momenti di sanità mentali ad altri di totale alienazione - con l'alcool riesce a scalzare la noia tra gli "intervalli della vita", a provare piacere ricordando o sognando, a sfuggire al dolore provocato dalla lontananza della donna amata, creando nella sua mente una vita illusoria, celata dietro al suo "genio" e alla sua malattia.
E d'altra parte Leopardi non fu, come viene giustamente rilevato, solo un indomabile pessimista. La sua complessa personalità si rivela anche nello *Zibaldone di pensieri* che inizierà a compilare dal luglio del 1817, registrando fino al 1832 le sue riflessioni, le note filologiche e gli spunti di opere. E nello *Zibaldone* egli dedica alcune riflessioni sul consumo del vino e sulle sue virtù sociali:

II vino è il più certo, e (senza paragone) il più efficace consolatore. Dunque il vigore; dunque la natura. (320)

Il piacer del vino è misto di corporale e di spirituale. Non è corporale semplicemente. Anzi consiste principalmente nello spirito [...] (4286)

Taluni pensieri del poeta sono poi molto più arditi e smaliziati:

Dicono e suggeriscono che volendo ottener dalle donne quei favori che si desiderano, giova prima il ber vino, ad oggetto di rendersi coraggioso, non curante, pensar poco alle conseguenze, e se non altro brillare nella compagnia coi vantaggi della disinvoltura. (494)

L'ubbriachezza è madre dell'allegrezza, così il vigore. Che segno è questo? Perché l'ubbriachezza non cagiona la malinconia? Prima perché questa deriva dal vero e non dal falso, e l'ubbriachezza cagiona la dimenticanza del vero, dalla quale sola può nascere l'allegrezza. (109)

Leopardi connota la possibilità dell'allegrezza con «la dimenticanza del vero» mentre non intravede come l'avanzare dell'ubriachezza possa provocare anche la malinconia. Ricorda infatti Edmondo De Amicis come il detto popolare «ha il vino tristo chi ha il cor tristo» non sia giusto, poiché «il vino produce ebbrezze tristissime anche nelle migliori nature».
Ma, a quali vini si riferiva Leopardi? La risposta è: naturalmente ai vini marchigiani. E, infatti, scorrendo due lettere che indirizzò da Bologna a suo padre nel 1826, si scopre che scriveva di fichi, olio, formaggio e vini marchigiani elogiandoli rispetto a quelli bolognesi. E, a riguardo della commerciabilità del vino marchigiano, che a quel tempo si inviava solamente a Roma in piccola quantità, egli scrive che si sarebbe potuto commerciarlo molto bene a Bologna, dove sicuramente sarebbe stato preferito ai vini locali "tutti ingrati al gusto".

Ma Leopardi soggiornò anche a Roma in due occasioni: prima tra il 1822 e il '23 e poi tra il 1831 e il '32 proprio quando darà l'avvio alla sua più intensa stagione di poeta satirico con i *Paralipomeni della Batracomiomachia* (iniziati nel 1831 e proseguiti fino alla morte) continuata poi con la *Palinodia al marchese Gino Capponi* e *I nuovi credenti* (entrambi del 1835). In queste occasioni, come si evince dalle lettere ai familiari, Giacomo sferza senza misericordia l'attardata e paludata cultura antiquaria ed erudita che si coltiva nelle accademie romane, tra le quali l'Accademia Tiberina - di intendimenti municipalistici e filopapali - che contava tra i fondatori Giuseppe Gioacchino Belli (1791-1863) che ne era segretario (in vecchiaia ne fu anche presidente). Un Belli che aveva buona parte di sangue recanatese, per via di quel bisarcavolo, Giuliano De Bellis, nato a Recanati nel 1630. Nonostante la sua appartenenza alla "paludata" accademia l'accostamento al vino di Belli, "l'astro più fulgido della letteratura romanesca e della satira in Roma", era di tenore molto più "popolaresco" - ma anche molto più politico - e non meno disvelatore della verità, come si evince proprio nei versi del sonetto *In vino veribus:*

Senti questa eh'è nova. Oggi er curato,
Ch'è venuto ar rifresco der battesimo,
Doppo ùnici bicchieri, ar dodicesimo
Ch'er cervello je s'era ariscallato.
Ha detto: "Oh ca...! A un prete, perch'è nato
In latino, è permesso er puttanesimo
E l'ammojasse no! Quello medesimo
Che pe' un grego è vertù, pe' me è peccato!"
E seguitava a dì: "Chi me lo spiega
St'indovinello qua? Chi lo pò sciòje?

Nemmanco san Giuseppe co' la sega.
Cosa c'entra er parlà quanno se frega?
Che differenza c'è riguardo a moje,
Da la fr.... latina a quella grega?" [120]

La produzione del Belli, esclusivamente a circolazione manoscritta durante la sua vita, si snoda sostanzialmente tra il 1830 e il 1847: duemilatrecento sonetti dialettali di un realismo figurativo e linguistico di altissimo livello letterario che ci portano a considerarlo oggi tra i massimi autori europei dell'Ottocento.
Per la prima volta lo strato più basso del popolo di Roma viene raffigurato con perfetto realismo, lasciato agire e parlare quasi persona per persona, molteplicemente fotografato nella varietà di gesti, pensieri, espressioni, sentimenti che gli sono propri: «facendo dire a ciascun popolano quanto sa, quanto pensa e quanto opera, ho io compendiato il cumulo del costume e delle opinioni di questo volgo»; e tutto ciò avviene in modo tale che l'autore scompaia dietro la sua rappresentazione, secondo un canone di rispecchiamento naturalistico che precede di decenni le esplicite formulazioni teoriche veriste: «il popolo è questo; e questo io ricopio non per proporre un modello ma sì per dare una immagine fedele di cosa già esistente». E tra le immagini popolari, fedeli di cose esistenti, è certamente *Er vino:*

Er vino è sempre vino, Lutucarda.
Indove voi trova più mejo cosa?
Ma guarda qui si che colore! guarda!
Nun pare un'ambra? senza un fir de posa.

Questo t'aridà forza, t'ariscarda,

Te fa vieni la voja d'esse spòsa:
E va, si magni 'na quaja-lommarda,
Un goccetto e arifai bocc'odorosa.

E ' bono asciutto, dorce, tonnarelle.
Solo e còr pane in zuppa e, si è sincero,
Te se confa a lo stommico e ar ciarvello.
E ' bono bianco, è bono rosso e nero.
De Genzano, d'Orvieti e Vignanello:
Ma l'este-este è un paradiso vero.[121]

Un'immagine che si conferma nel rapporto con l'acqua, appunto, ne *Er vino e l'acqua:*

Io nun pózzo soffrì tutte ste lite
Ch'hanno sempre da fa Ciocco e Freghino,
Si che cosa è più mejo o l'acqua o 'r vino.
Du parole e so' subito finite.

Chi loda l'acqua, io je direbbe: "Dite:
Pe' beve un mezzo, ve ce vò un lustrino.
Pe' un bicchier d'acqua poi cor cucchiarino,
V'abbasta un mille grazie e ve n'uscite.

Dunque che vale più ? quella eh 'allaga
Piazza Navona auffa e ce se sciacqua
Li cojoni o quell'antro che se paga?

E finalmente, a voi: qua ve do er pisto.
Ch'edè, sori cazzacci, er vino o l'acqua
Che ve pò diventa sangue de Cristo?" [122]

Ma intanto la storia andava srotolandosi verso l'esito di quelle rivoluzioni popolari del 1848-49 che confluiranno nella prima guerra d'indipendenza definito il "Risorgimento caldo" che vide tra i tanti protagonisti un poeta toscano come Giuseppe

Giusti (1809 -1850). Il poeta soffrì sin dall'adolescenza di disturbi psichici, una sorta di stato di malinconia che degenerò poi in nevrosi. Tuttavia le sue composizioni sono caratterizzate da un piacevole e fluido verso e da un umorismo pungente e venate, talvolta, da una sottile malinconia. Fra le più note: *Sant'Ambrogio, Il re Travicello, e* in particolare *Il brindisi di Girella* (qui riportati solo i versi iniziali), lunghissima satira della "morale" dei voltagabbana, «Dedicato al signor di Talleyrand buon'anima sua», cioè dedicato ad uno degli artefici della rivoluzione francese, prima, e della restaurazione, dopo; in sostanza un maestro di camaleontismo politico:

Girella (emerito
Di molto merito),
Sbrigliando a tavola
L'umor faceto,
Perde la bussola
E l'alfabeto;
E nel trincare
Cantando un brindisi,
Della sua cronaca
Particolare
Gli uscì di bocca
La filastrocca.
Viva Arlecchini
  E burattini
  Grossi e piccini:
  Viva le maschere
  D'ogni paese;
  Le Giunte, i Club, i Principi e le Chiese. [123]

Ma il Giusti rappresenta un brindisi anche in occasione di libagioni non proprio gioiose, difatti, parlando della morte di Socrate, racconta:

Finì per bevere il veleno, facendone quasi un brindisi agli dei, e a chi glielo aveva ordinato.

Alcuni anni prima di Giusti neanche Vincenzo Monti (1754 - 1828), accademico deir Arcadia nonché della Crusca, aveva disdegnato un brindisi che, se non proprio dall'angoscia, certamente era ammantato da un discreto pessimismo:

Io tengo per certo che moriremo senza conoscere la vera libertà. T'invito perciò a fare un brindisi alla libertà dei nostri posteri.

A proposito di posteri occorre a questo punto fare una breve parentesi per accennare qualcosa sull'ascendenza del termine "brindisi", un elemento quasi immancabile nella letteratura eroica dell'Ottocento. Vale, in breve, la pena di fare un salto indietro nel tempo per scoprire da dove nasce questa parola per noi così comune ed acquisita da dimenticare la sua nascita in ambiente "militaresco". Difatti il termine "brindisi" pare essere stato coniato dagli spagnoli nel XVI secolo, ma essi non ne furono gli inventori. Si tratta infatti della traduzione "ad orecchio " di una formula usata dai Lanzichenecchi, quelle squadracce di soldati mercenari tristemente note anche all'Italia del Seicento. Costoro, nel corso delle loro bevute solevano alzare il bicchiere ed esclamare: "Bring dir's!", che, tradotto letteralmente, suona come "lo porto a te" e che evidentemente sottintendeva "porto a te un augurio di buona salute". Così Bartolomeo Corsini, poeta, medico e filosofo del Seicento, sintetizza e al tempo stesso avvalora i natali teutonici del brindisi:

Quello [...] sì caro uso tedesco di farsi brindis, che con piacere altro non è che un invitarsi a bere.[124]

La consuetudine dei rozzi e chiassosi Lanzichenecchi piacque alle milizie spagnole che volentieri la ereditarono e che dall'esclamazione "brindisi" derivarono una vera e propria forma verbale: "brindar", da cui la nostra forma italiana.
C'è da dire che tra i cambiamenti dovuti alla Rivoluzione francese, anche la natura dei brindisi era cambiata. Nei giornali francesi dell'epoca si possono leggere i nuovi dettami dei brindisi. Si brindava allora "Alla maestà del popolo", "Ai mani di quelli che perirono nella Bastiglia" oppure "Alla confederazione di tutti i popoli contro la Tirannia". Brindisi e vino, si sa, sono quasi sinonimi, specie in Italia e in Francia. Anzi, vale la pena sottolineare che nel 1792, quando la Convenzione istituì il nuovo calendario repubblicano, si fece iniziare l'anno il primo giorno del mese della vendemmia. Questo mese fu chiamato *Vendémiaire* ed il suo primo giorno, *Raisin,* fu dedicato al grappolo. La prima Decade di *Vendémiaire* fu chiamata *Cuve* (cantina), la seconda si chiamò *Pressoir* (torchio), mentre la terza fu detta *Tonneau* (botte). E se il canto popolare costituisce uno specchio della società e dei suoi mutamenti, il fatto che i prezzi furono stabiliti dallo stato, e che non fosse possibile vendere il vino ad un prezzo superiore al *maximum e* senza tassa d'ingresso, veniva cantato con fierezza e soddisfazione in canzoni popolari come questa del 1794:

Bravi francesi, consoliamoci al giusto prezzo ora berremo e su tigri e lupi noi vincerem. [125]

Ma ancora neirOttocento il brindisi manteneva alcune connotazioni del tribolar guerresco, come nel caso di Ippolito Nievo (1831-1861) che condivise le vicende storiche e politiche del suo tempo, dominate dai movimenti patriottici e dai moti anti-austriaci, partecipando nel 1848, a Padova, al fallito tentativo insurrezionale; poi, nel 1859, a Torino, si arruolò tra i cacciatori a cavallo di Garibaldi, tra le fila di Bixio e poi coi Mille a Marsala, dove si guadagnò il titolo di preposto all'Intendenza da parte di Garibaldi, e dove diede alle stampe "Amori garibaldini". Nel 1861, dopo aver ottenuto una licenza, si recò in Sicilia e morì durante la traversata di ritorno, in seguito al naufragio del postale sul quale viaggiava. E Nievo invita a un brindisi che, lasciando perdere le facili esaltazioni, ricorda che ad una buona bevuta si può procedere anche con una disposizione d'animo più pacata:

Io non ho sonno, né fame, né noia né bile, sono perciò in quell'equa disposizione dell'umana natura nella quale si potrebbe tagliarsi le canne della gola e cantare un brindisi. Io prendo il partito più ragionevole e il brindisi lo faccio alla tua salute con un bicchierino di Marsala.[126]

Potente e patriottico invece Giosuè Carducci (1835 - 1907), col quale si torna al tema della libertà, ma con ben altro ardore nel suo *Il canto dell'amore* (da *Giambi ed Epodi):*

[...]
Aprite il Vaticano. Io piglio a braccio
Quel di sé stesso antico prigionier.
Vieni: a la libertà brindisi io faccio:
Cittadino Mastai, bevi un bicchier![127]

A dirla tutta questa apertura al "cittadino Mastai"

rispecchiava un sentimento di riappacificazione molto personale del Carducci, poiché larga parte dei cittadini di Roma non erano per niente disponibili a perdonare le eccessive repressioni seguite al ritorno del Papa-re nel 1851, sulle baionette francesi. Né sarà Punica volta che l'autore ferocemente repubblicano delle *Odi barbare* esordirà per blandire le teste coronate, come farà nel 1878 dedicando, contestatissimo dagli studenti universitari bolognesi, versi d'amore alla regina Margherita. Tuttavia, col consueto fervore, alla vigilia della seconda guerra del Risorgimento, egli aveva esclamato, quasi esplosivo:

Nei bicchier nostri o Libero (Bacco)
Fuma, gorgoglia e splendi [...]
Né più stranier quadrupede
Ti pesterà la vigna [...] [128]

Sempre nelle *Odi barbare* dedica un brindisi *A una bottiglia di Valtellina del 1848:*

E tu pendevi tralcio da i retici
balzi odorando florido al murmure
de fiumi da l'alpe volgenti
ceruli in fuga spume d'argento,

quando l'aprile d'itala gloria
dal Po rideva fino a lo Stelvio
e il popol latino si cinse
su l'Austria cingol di cavaliere.

E tu nel tino bollivi torbido
prigione, quando d'italo spasimo

ottobre fremeva e Chiavenna,
oh Rezia forte!, schierò a Vercea

sessanta ancora di morte libera
petti assetati: Hainau gli aspri animi
contenne e i cavalli de l'Istro
ispidi in vista de i tre colori.

Rezia, salute! di padri liberi
figlia ed a nuove glorie più libera!
E' bello al bel sole de l'Alpi
mescere il nobil tuo vin cantando:
[...] [129]

D'altra parte, il Carducci, bevitore poderoso, ha dedicato un'intera raccolta di versi al brindisi e al vino. Seppure non facciano parte della sua migliore produzione poetica, si riporterà qui l'inizio di un componimento molto "leggero" intitolato, appunto *Brindisi:*

Se già sotto l'ale
del nero cappello
nel vin Cromuèllo
cercava il Signor,
ne' colmi bicchieri
ricerco pur io
men fiero un iddio,
ricerco l'amor.
Evviva, o fratelli,
evviva la vigna,
il suolo ove alligna,
l'umor ch'ella da!

A l'ombra de' tralci,
cui '1 sol lieto ride,
l'industria s'asside
e la libertà. [...] [130]

Si tratta quasi di una allegra cantilena adatta alla bevuta disimpegnata, ben diversamente dal verso energico e saggio che erompe quando va a descrivere un'immagine di quiete, quasi ima pennellata espressionista per fissare un ricordo, ne *L'ostessa di Gaby* contenuta nella raccolta *Rime e ritmi:*

[...]
Ecco le bianche case. La giovine ostessa a la soglia ride, saluta e mesce lo scintillante vino.

Per le forre de l'alpe trasvolan figure ch'io vidi certo nel sogno d'una canzon d'arme e d'amori.[131]

Ma tra i brindisi più noti della letteratura certamente vanno evidenziati quelli che si scoprono leggendo i *Promessi sposi* di Alessandro Manzoni (1785-1873): il primo brindisi è descritto nel V capitolo e ha come protagonisti frà Cristoforo e i notabili a pranzo da Don Rodrigo[132]:

[...]
Signor Podestà e signori miei! - disse poi - un brindisi al Conte Duca; e mi sapranno dire se il vino sia degno del personaggio.
[...]
Viva mill'anni don Gasparo Guzman, conte d'Olivares, duca di San Lucar, gran privato del Re Filippo il Grande, nostro Signore!" - esclamò alzando il bicchiere.

Il secondo brindisi avviene nel Capitolo XIV e vede Renzo nell'osteria "Alla luna piena" dove, per l'agitazione del momento, non tenta neanche di dissimulare la sua arsura:

"Prima di tutto, un buon fiasco di vino sincero." disse Renzo: "e poi un boccone." Scosse poi la testa, come per iscacciar quel pensiero: e vide venir Poste col vino. Il compagno s'era messo a sedere in faccia a Renzo. Questo gli mescè subito da bere, dicendo: "per bagnar le labbra. " E riempito l'altro bicchiere, lo tracannò in un sorso.
E subito, divorati tre o quattro bocconi di quel pane, gli mandò dietro un secondo bicchier di vino; e soggiunse: "da se non vuol andar giù questo pane. Non ho avuto mai la gola tanto secca. S'è fatto un gran gridare!" "Un altro gocciolino, un altro gocciolino" gridava Renzo, riempiendo in fretta il bicchiere di colui; e subito alzatosi, e acchiappatolo per una falda del farsetto, tirava forte, per farlo seder di nuovo. "Un altro gocciolino: non mi fate quest'affronto".
Qui è necessario tutto l'amore, che portiamo alla verità, per farci proseguire fedelmente un racconto di così poco onore a un personaggio tanto principale, si potrebbe quasi dire al primo uomo della nostra storia. Per questa stessa ragione d'imparzialità, dobbiamo però anche avvenire ch'era la prima volta, che a Renzo avvenisse un caso simile: e appunto questo suo non esser uso a stravizi fu cagione in gran parte che il primo gli riuscisse così fatale. Quei pochi bicchieri che aveva buttati giù da principio, l'uno dietro l'altro, contro il suo solito, parte per quell'arsione che si sentiva, parte per una certa alterazione d'animo, che non gli lasciava far nulla con misura, gli diedero subito alla testa: a un bevitore un po' esercitato non avrebbero fatto altro che levargli la sete.
Comunque sia, quando que' primi fumi furono saliti alla testa di Renzo, vino e parole continuarono a andare, l'uno in giù e l'altre in su. senza misura né regola: e, al punto a cui l'abbiam lasciato, stava

già come poteva.[133]

Ce n'è un terzo, sempre nei *Promessi sposi,* che però tralasceremo per ricordare invece come la libagione infiorettava anche numerosi passaggi del melodramma romantico. Celeberrimo l'invito che, nella *Traviata* di Giuseppe Verdi (1813-1901), Alfredo, travolto dall'ebbrezza, rivolge ai convitati che fanno intorno corona. Pochi altri brindisi contengono la suggestione di quello che vola sulle ali delle note verdiane, pochi, come questo, riescono a rendere il rapimento e insieme lo stordimento procurati dal sentimento amoroso esaltato dal potere del vino.

Libiam ne' lieti calici che la bellezza infiora
E lafuggevol ora s'inebri a voluttà'
Libiam ne' dolci fremiti che suscita l'amore [...]

Altrettanto celebre, ma assai meno gioioso perché cela in realtà un dramma mortale, è il brindisi di Turiddu in *Cavalleria Rusticana* del più tardo Pietro Mascagni (1863-1945). Qui il giovane siculo, che perderà la vita nel duello con il rivale Alfio, simula
l'allegria tipica di un'autentica libagione ma nasconde in cuore una cupa amarezza quando intona i memorabili versi:

Viva il vino spumeggiante
nel bicchiere scintillante
come il riso dell'amante
mite infonde il giubilar.

E mentre il melodramma trionfava nei teatri rinsaldando e

spandendo il seme del "canone risorgimentale" , nelle segrete stanze si architettava un futuro dell'Italia che aveva tra i protagonisti Costantino Nigra (1828 - 1907) che ne fu uno degli strumenti determinanti, in quanto segretario del primo ministro Massimo D'Azeglio e in seguito di Camillo Cavour, concretizzando l'ipotesi di alleanza siglata a Plombières tra Napoleone III e Cavour e progettare la guerra tra il Regno di Sardegna e l'Impero austriaco. Nigra, che nell'ottobre 1861 divenne anche gran maestro della Massoneria, aveva anche il tempo di dedicarsi alla poesia e al vino con esiti che, tuttavia, ci sembrano mediocri:

Salve, o sol glorioso! Il grappol biondo
del moscatello pendere
mi fai sul capo. Il raggio tuo fecondo
sulle paterne pergole
scalda e distilla, come fusa lava,
onor dei lieti calici,
L'Asti spumante, l'ambra di Ciambava
e di Caluso il nettare. [134]

Ma in questo periodo di eroiche e tragiche gesta patriottiche il brindisi del combattente può anche assumere modalità più simili a mesti saluti, a inviti d'affetto cameratesco. È questo il caso, che non si può non citare di almeno due protagonisti della sfortunata lotta del popolo ungherese per la libertà dall'oppressione asburgica nelle rivolte del 1848-49. Il primo è Vòròsmarty Mihaly (1800-1855) punto di riferimento per la cultura romantica e indipendentistica ungherese, anche se nel 1849, amareggiato per il fallimento dei moti rivoluzionari per l'indipendenza, si ritirò in solitudine:

Amico mio, compatriota,
del vino bevi,
sii gioioso, o triste, o cupo,
lui solo bevi.
Giacché nel vino soffre la pena, vivi il tuo sogno,
in terra non v'è miglior rimedio
di tale linfa.

Leva, tzigano, l'agile persona,
non rilassarti, hai già bevuto, or suona!
Pensar con l'acqua innanzi è vita persa.
Il vino nella fredda coppa versa.
Così la vita nell'alterno gioco:
ieri era fredda ed oggi arde di fuoco.
Suona: e fin quando ne avrai tu cagione?
Fin che l'archetto diverrà un bastone,
e di vino e dolor la coppa piena.
Suona tzigano con fronte serena.[135]

L'altro è Petòfi Sandor (1823 - 1849) considerato il poeta nazionale ungherese del romanticismo, nonché eroe e figura chiave della rivoluzione ungherese del 1848. Morì nel 1849, a 26 anni, nella battaglia di Segesvàr dopo aver scritto immortali versi come *Il nobile magiaro:*

Accanto al gentile vino scacciapensieri
evapora la mia vita gaia,
accanto al gentile vino scacciapensieri,
io rido del potere del destino.

Nell 'allegro calore del vino io mi beffo di te,

di te, vile genia,
nel mio cuore che tanto tormentano
gli scorpioni della malinconia.

Il *vino è maestro della mia lira,*
incanta la canzone del cuore,
il vino ci insegnò l'oblio,
o voi, fanciulle sleali.

Ero una materia cedevole, molle,
facile da bucare col dito teso.
Ora son marmo. Se qualcuno mi spara,
la pallottola rimbalza contro di lui.

Vino bianco, fanciulla bionda, sole lucente
mi entravano sino al fondo dell'anima.
Vino rosso, fanciulla bruna, notte oscura
sono ora il mio diletto più grande![136]

Con questa risata al "potere del destino", con questo vino che insegna l'oblio, con questi vini e fanciulle e sole e notte, si trapassa in un panorama letterario che appartiene ormai alla seconda metà dell'Ottocento, un panorama caratterizzato da una nuova necessità di scelte e schieramento da parte degli intellettuali. Il poeta, o l'artista, consapevole di rivolgersi a un pubblico di cui disprezzava la mediocrità, reagisce scegliendo nella vita l'irregolarità e la trasgressione e rendendo ostica e riservata a pochi la sua opera, introducendovi tematiche che dovevano urtare e disgustare. E fu principalmente Parigi il centro da cui si irradiò questa rottura e Charles Baudelaire (1821-1867) se ne può considerare l'iniziatore. Comunemente egli viene considerato uno dei "poeti maledetti", la nozione è in realtà il risultato di una visione letteraria riduttiva che deriva dal saggio di Paul Verlaine *Les Poètes Maudits.* Nel pensiero di Verlaine la "maledizione" implica, da parte del pubblico e della cultura, un misconoscimento o un rifiuto di certi poeti; per Verlaine i poeti maledetti sono coloro che sanno unire la regolarità dello spirito alla grande retorica e che sanno far passare la chiarezza dietro la musicalità del verso. Il vino è una figura ricorrente della visione baudeleriana che compare in diversi punti della sua opera. È una metafora e un'iperbole che segnala la profondità di un segreto nascosto che il lento svolgersi del testo fa affiorare attraverso figure retoriche ironiche e stridenti in cui si inscrive la bellezza del Male. E proprio da *I fiori del male* il componimento *L'anima del vino:*

Nelle bottiglie l'anima del vino
una sera cantava: "Dentro a questa
mia prigione di vetro e sotto i rossi
suggelli, verso te sospingo, o caro
diseredato, o Uomo, un canto pieno
di luce e di fraternità. So bene
quanta pena, sudore, e quanto sole
cocente, sopra la collina in fiamme,
son necessari per donarmi vita
e infondermi l'anima. Ma ingrato
non sarò, né malefico, ché provo
immensa gioia quando nella gola
cado d'un uomo usato dal lavoro:
il suo petto per me è una dolce tomba
e mi ci trovo meglio che nel freddo
delle cantine. Odi risuonare
i ritornelli delle tue domeniche

e la speranza che bisbiglia dentro
al mio seno che palpita? Coi gomiti
sopra il tavolo mentre ti rimbocchi
le maniche, mi vanterai e contento
sarai: della tua donna affascinata
accenderò lo sguardo; robustezza
ridarò a tuo figlio e i suoi colori,
e sarò per codesto esile atleta
della vita, l'unguento che rafforza
i muscoli dei lottatori. In te
cadrò, ambrosia vegetale, grano
prezioso, sparso dal Seminatore
eterno, perché poi dal nostro amore
nasca la poesia che a Dio rivolta
spunterà in boccio come un raro fiore.[137]

Si evidenzia qui come, secondo Baudelaire, il vino non è semplicemente una bevanda, possiede un'anima, e costituisce una della scoperte essenziali per l'umanità, capace, di accrescere i sensi e di sviluppare l'intelletto. A proposito diceva, che se il vino scomparisse dalla produzione degli uomini, nella salute e nell'intelletto del pianeta verrebbe a crearsi un vuoto, un'assenza, un difetto assai più orribile di tutti gli eccessi e le deviazioni di cui il vino viene ritenuto responsabile. Ne *I paradisi artificiali,* del vino si parla molto più liberamente, come polemica contro tutti coloro che vedono il vino semplicemente come «un liquore che si fa con il frutto della vite», come scriveva Brillat-Savarin ne la *Physiologie du Gout* del 1825. L'aspetto "maledetto" del vino è egregiamente espresso nella terribile composizione *Il vino dell'assassino:*

Mia moglie è morta: finalmente libero!

Posso dunque ubriacarmi a mio piacere.
Quando tornavo a casa senza il becco
d'un quattrino, i suoi urli mi straziavano
fin nelle fibre. Son felice al pari
d'un re; l'aria è pura, il cielo è bello
a vedersi. Era estate, così, quando
m'innamorai di lei. Questa tremenda
sete che ora mi strazia, per estinguersi
bisogno avrebbe di sì tanto vino
quanto ne può tenere la sua tomba;
e non è dire poco. Io l'ho gettata
infondo a un pozzo e le ho buttato sopra
tutte quante le pietre, anche, dell'orlo.
- La scorderò, se lo posso! Nel nome
delle promesse tenere da cui
nulla può svincolarci - ed affinchè,
come al bel tempo delle nostre ebbrezze,
potessimo far pace, io le implorai
un convegno, di sera, su una buia
strada. Ci venne! folle creatura!
Noi siamo tutti più o meno pazzi.
Era ancora graziosa, benché tanto
stanca: troppo l'amavo: ecco perché
le dissi: fuggi da questa vita!
Nessuno può comprendermi. Uno solo
fra tutti questi stupidi beoni
pensò mai nelle sue notti morbose
di far del vino un drappo sepolcrale?
Mai, né l'estate né l'inverno, questa
schiera di crapuloni invulnerabili,
macchine di metallo, hanno gustato
il vero amore, coi suoi neri incanti,

l'infernale corteo delle inquietudini,
i suoi filtri attoscati, le sue lacrime,
i suoi rumori di catene e d'ossa!
Eccomi solo e libero! Stasera
sarò sbronzo del tutto; e allora, senza
paura né rimorso, sulla terra
mi stenderò a dormire come un cane.
Il carro dalle enormi ruote, carico
di fanghiglia e di pietre, il furibondo
treno schiaccino pure la mia testa
colpevole o mi taglino per mezzo:
me ne infischio di Dio come del Diavolo,
e così pure della Sacra Mensa![138]

Non si può parlare di "poeti maledetti" senza almeno accennare all'evoluzione in senso simbolico di Arthur Rimbaud (1854 - 1891). Con lui, la poesia assume il colore della musica e della pittura, il movimento della danza e del sogno. Si spegnerà giovanissimo, a 21 anni, avendo compiuto tutto ciò che era in suo potere, nel "deserto e nella notte" da cui si sentiva attorniato e come evidenzia egregiamente la prima lirica de *La commedia della sete, Gli avi:*

Noi siamo i tuoi Avi,
i grandi Avi,
coperti dei freddi sudori
della luna e delle piante.
I nostri vini secchi erano generosi!
steso tranquillamente al sole,
che occorre all'uomo? bere. [139]

Un simbolismo che trova il suo compimento al calar del secolo con Stephane Mallarmé (1842 - 1898) con l'inevitabile coinvolgimento de *Il pomeriggio di un fauno:*

Così, dagli acini succhiata l'essenza luminosa, per bandire un rimpianto da una finta scartato, alzo ridendo al cielo estivo il grappolo vuoto e, soffiando nelle bucce luminose, avido d'ebbrezza, vi guardo controluce fino a sera. [140]

Citiamo anche un altro componimento dal titolo *Brindisi,* una delle ultime poesie di Mallarmé, composta nel 1893, in cui il poeta, nella sua continua ricerca di assoluto, tende ad una soggettivizzazione forse eccessiva del contenuto dei simboli:

Nulla, una schiuma, vergine verso
solo a indicare la coppa;
così al largo si tuffa una frotta
di sirene, taluna riversa.
Noi navighiamo, o miei diversi
amici, io di già sulla poppa
voi sulla prora fastosa che fende
il flutto di lampi e d'inverni;
una bella ebbrezza mi spinge
né temo il suo beccheggiare
in piedi a far questo brindisi
solitudine, stella, scogliera
a tutto quello che valse
il bianco affanno della nostra vela. [141]

In Italia, il "maledettismo" ritrova una sorta di equivalente nella Scapigliatura. Il movimento, dichiaratamente rivoluzionario e antiborghese, fece dell'inquietudine esistenziale, prima ancora che artistica, la propria bandiera. Il termine Scapigliatura deriva dal titolo di un romanzo di Carlo Righetti, in arte detto Arrighi in cui vengono narrate le vicende milanesi di un gruppo di scontenti e ribelli, «vero pandemonio del secolo...serbatoio...dello spirito di rivolta e di opposizione a tutti gli ordini stabiliti», che finiscono con il sacrificare la vita nei moti anti-austriaci del 1853.

L'importante movimento poetico, che ha senz'altro anticipato alcuni momenti espressivi del Novecento, si diffuse soprattutto in area lombardo-piemontese nella seconda metà dell'Ottocento ed ebbe come massimi esponenti **Boito,** Praga e Camerana. I suoi esponenti tendevano a scandalizzare i benpensanti con l'assunzione di comportamenti antiborghesi, non convenzionali ed erano, tra l'altro, assidui frequentatori di bettole di malaffare e cultori delle sbornie. Nell'attività letteraria accolse influssi dal mondo francese ma anche inglese e tedesco, sviluppandone i temi con atteggiamento sperimentale ed esplorando nuove zone d'esperienza come la pazzia e il sogno, unendo ad esse l'interesse per il fiabesco e il fantastico. Come movimento d'avanguardia la scapigliatura non produsse opere artisticamente interessanti o particolarmente degne di nota, ma la sua importanza storica nel quadro della letteratura italiana è innegabile in quanto contribuì a calare il sipario sul romanticismo per arrivare a temi e soluzioni stilistiche completamente nuove. Emilio Praga (1839-1875), tra i maggiori esponenti del movimento, visse un rapporto con il vino che caratterizzò gran parte del suo percorso lirico (nonché la sua esistenza). Nella sua opera *I superstiti* scrive:

E stasera, o mesta vergine,
noi stasera danzeremo,

e nel vino affogheremo
le mie ciance e il tuo dolor.[142]

Ma Emilio Praga è più noto per l'opera *Orgia:*

Versate amici il nettare divino!
Bruna è la notte, e la falce scintilla:
spumeggi in cor coll'ispirato vino
la musa brilla!

Splende la face e s'avvicina il giorno;
nei colmi nappi un'anima s'asconde;
versate, amici, e danzatemi intorno
e brune e bionde!

Buia è la notte, e miagolan sui tetti
come bimbi sgozzati i gatti amanti;
cantiam, cantiam gli sprigionati petti.
le treccie erranti,

le tese braccie delle danzatrici!
Splende la face, amiamoci, e beviamo;
è dolce sussurrar fra nappi e amici :
fanciulla, io t'amo!

Fra gli spruzzi del vin, come, a vederla,
la schiera delle amanti è più gentile;
son come i fior che la rugiada imperla
ai dì d'aprile.

Versate, amici, il nettare divino!
Bruna è la notte, e la face scintilla:

spumeggi in cor coll'ispirato vino
la musa brilla!

Cozziam le tazze, ed accozziam canzoni,
l'anima e il corpo insiem perdano il perno,
e a conto nostro danzino i demoni
nel loro inferno!

Brindisi ad essi, e agli angeli dei cielì,
brindisi al sole, e agli astri pellegrini,
brindisi al mare, al fulmine, e agli steli
dei fiorellini!

Splende la face, e s'avvicina il giorno:
nei colmi nappi un'anima s'asconde!
Versate, amici, e danzatemi intorno
e brune, e bionde!

Tutti, tutte, ahi! corrà l'eterna notte
dopo queste d'amor fulgidi notti;
morrem noi pur, frammisti alle bigotte
ed ai bigotti;

ma di costor la vivida natura
ritemprar non potrà, col cener molle,
che ortiche, e rovi, e squallida verdura
d'aglio e cipolle.

Dalle ceneri nostre, ancor frementi
del vasto incendio che abitò le salme,
evviva, amici! nasceranno ai venti
platani e palme![143]

Di Arrigo Boito (1842-1918) riportiamo solo un breve brano ripreso da una *Passeggiata notturna* - fatta con gli amici Praga e Filippi - che ha per sottotitolo *Fantasticheria in prosa:*

Si era a dir vero quella sera, assieme a Praga e al Filippi, consumata una lauta cena, innaffiata di vino assai eccellente, e questo forse spiegava il mio stato d'alterazione. La notte fu stupenda. La luna, splendidissima, rimirata attraverso i caraffoni di vino appariva violacea. L'acre profumo del canape saliva per le nari al cervello e produceva nelle nostre menti già eccitate alcuni leggeri effetti d'haschich (cannabis indica). Concludemmo allegramente alla Scala, dove Faccio stava ultimando le prove per il suo Amleto, e con il quale il Filippi intrattenne una baruffa che ci fece divertire assai, mentre il Pedrotti nell'ombra ci fissava con la disapprovazione dei mediocri.[144]

In Italia il passaggio del secolo, tra Otto e Novecento, mette in luce, la gravità delle cose irrisolte, in particolare di un Risorgimento incompiuto, di una unità nazionale mutilata dalla "questione meridionale" e dai rapporti ambigui col Vaticano. A questo s'aggiungeva la crisi dello sviluppo sociale, con il conseguente irrigidimento, in senso autoritario, dei governi di fine secolo, e la precarietà della situazione internazionale (che poi sfocerà nella Grande guerra). È in questo contesto che si inserisce il filone poetico di quel decadentismo che affonda le radici in una visione profondamente pessimistica della vita, in cui si riflette la scomparsa della fiducia, propria del Positivismo, in una conoscenza in grado di spiegare compiutamente la realtà e di garantire un processo continuativo del genere umano. Protagonista originale di questo panorama, anche europeo, è certamente Giovanni Pascoli (1855-1912). Il mondo circostante appare all'autore come un insieme misterioso e indecifrabile, nel quale l'uomo è costretto a muoversi, dovendo fare i conti anche con l'egoismo e la malvagità dei propri simili. Secondo Pascoli, la poesia non è una vera creazione della fantasia ma è il risultato di una particolare capacità di "leggere" ovvero di capire e interpretare la realtà. Pascoli, pertanto, fu il primo grande poeta italiano a mettere radicalmente in discussione l'idea consolidata secondo cui la poesia avrebbe potuto e dovuto cantare solo argomenti nobili ed elevati quali l'amore, le armi e la virtù: inoltre, aprendo le porte alla poetica delle "piccole cose", Pascoli aprì anche la lingua alla poesia delle "piccole parole", quelle "semplici e all'apparenza elementari" della comunicazione quotidiana. Come si può ben comprendere, si tratta di un profondo sentimento che coinvolge l'intera modalità dell'esistenza e dei meccanismi sensoriali che la animano, compreso anche, e non solo parzialmente, il mondo del vino, che si manifesta con alcune poesie inserite nella raccolta *Myricae,* come *Convivio:*

O convitato della vita, è l'ora.
Brillino rossi i calici di vino;
tu né bramoso più, né sazio ancora, lascia il festino.

Splendano d'aurea luce i lampadari, fragri la rosa e il timo
dell'Imetto, sorrida in cerchio tuttavia di cari capi il banchetto:

tu sorgi e... Triste, su la mensa ingombra, delle morenti lampade lo svolo
lugubre, lungo! triste errar nell'ombra, ultimo, solo! [145]

Il poeta non ha più valori da celebrare: il brindisi del Pascoli, rappresentante del Decadentismo italiano e delle inquietudini di questo passaggio di secolo, è di certo un ritorno al tema classico della misura, ma solo come amara constatazione che non esistono rimedi contro le proprie sofferenze. Sempre dalla stessa raccolta, la poesia *I tre grappoli:*

Ha tre, Giacinto, grappoli la vite.
Bevi del primo il limpido piacere;
bevi dell'altro l'oblio breve e mite;
e... più non bere:
ché sonno è il terzo, e con lo sguardo acuto nel nero sonno vigila,
da un canto,
sappi, il dolore; e alto grida un muto
pianto già pianto. [146]

Ma anche Pascoli sembra talvolta ritrovare serenità solo nella natura, non matrigna, ma piuttosto sorella, come ne *La vendemmia* (da *Nuovi poemetti):*

- Una vendemmia fa, così, piacere!
Nemmeno un chicco marcio nella pigna.
- E tutte pigne, salde fisse nere.
- Uva d'alberi, e pare uva di vigna.
- Ma qui ci son d'agosto le cicale
da levar gli occhi! qui la vite alligna!
- Porta il bigoncio. - È pieno.
- Avessi l'ale!
Avessi l'ale d'una rondinella!
Il nido lo farei nel tuo guanciale.
- Guarda: la vespa vuole la più bella.
- L'ape fa il miele, eppur le basta un fiore,

fior di trifoglio, fior di lupinella.
- Ha fatto buono all'uva lo stridore
di tutta estate. - Ciò che fa per l'una,
non fa per l'altro. - Ora, contava l'ore.
"Qua le canestre, donne".
- O bella bruna!
Quando nascesti, in cielo una campana
sonava sola, al lume della luna.
- Questa la stenderete sull'altana:
è troppo bella per andar nel tino.
- Ma anche quello è come vin di grana!
- Non ci fu pioggie, non ci fu lo strino.
- Portate bere. Molto all'uva aggrada
sentirsi in viso l'alito del vino.
- Pigia il bigoncio un po'.
- "Sono in istrada,
E che mi dài, che mi conviene andare?"
"Un bacio in bocca, perché tu non vada".
- La paradisa ha pigne lunghe e chiare,
e tutti d'oro sono i chicchi, e hanno
il sole dentro, il sole che traspare.
- Rigo, di tutte queste qui, si fanno
cipelle, acché, tu con la moglie accanto,
ne mangi all'alba, il primo dì dell'anno.
L'uva vuol dire il buono, il bello, il tanto.
E porta bene, o Rigo.
- Ho contro, io sento,
fin le finestre, e quando passo e canto,
si chiudono da loro senza vento.[147]

Il Novecento, quindi, vede stravolgere ogni punto di vista in ogni ambito, da quello letterario a quello scientifico, grazie

alla scoperta di nuove teorie scientifiche quali la teoria dei quanti di Planck, la relatività di Einstein e la psicanalisi di Freud, mettendo in dubbio il precedente principio di causa ed effetto di Heisenberg.
Più direttamente, la nascita della psicanalisi ha segnato una notevole svolta in campo letterario. Soprattutto dopo la pubblicazione de *L'interpretazione dei sogni* (1899) e *Psicopatologia della vita quotidiana* (1901), diversi scrittori, come Svevo, Joyce, Kafka, Pirandello e altri, si interessano alla lettura delle opere di Freud. Da qui la nascita del nuovo "io" letterario, un protagonista malato, incapace di adattarsi alla vita e al mondo in cui si trova, quello che Italo Svevo (1861-1928) definirà "l'inetto", afflitto da quella malattia definita dallo stesso "inettitudine".
È possibile, soffermandoci sulla principale opera di Svevo, *La coscienza di Zeno,* chiarire
innanzi tutto i concetti precedentemente esposti e dare, o meglio completare, la visione della nostra bevanda e dei suoi effetti sull'inconscio. Come già accennato, Svevo fu un attento lettore di Freud, la cui teoria della psicanalisi domina in primo piano nel romanzo. Troviamo, nel capitolo *La moglie e l'amante,* una riflessione importante, che riguarda direttamente l'effetto del vino nei discorsi di una persona, gli effetti sulla capacità di ragionare, sulla nascita in noi di varie reazioni, riconducibili solamente all'altro *io* che è in noi. In questo capitolo il protagonista Zeno Cosini si trova ad una cena in famiglia, preludio delle nozze della donna amata in passato e mai dimenticata totalmente. Egli coglie al volo l'opportunità di abusare del vino per poter momentaneamente guarire dalla sua malattia, potendo portare alla luce un nuovo personaggio, un altro io capace di

esprimere volontà e sentimenti altrimenti represse:

Per l'effetto del vino, quella parola offensiva accompagnata da una risata generale, mi cacciò nell'animo un desiderio veramente irragionevole di vendetta.[148]

Davanti a tutti i componenti della famiglia, il vino assume proprio l'identità di uno strumento capace di vere e proprie metamorfosi, quasi un filtro da "magia nera":

Proprio, vorresti uccidermi? [...] Hai il vino cattivo, tu! [...] Egli non aveva fatto un solo gesto per approfittare del vino che gli avevo offerto.

Come se il vino (già metafora del sangue, in questo caso quello del protagonista) offerto da Zeno, contenesse tutta l'arroganza che stava ora dimostrando davanti a tutti i familiari. Strumento dagli effetti ben conosciuti dal protagonista, qui si riflette in Zeno la conoscenza di Svevo della dimensione psichica, lui conosce perfettamente le reazioni del vino sul cervello, le utilizza per combattere le proprie incapacità più visibili esteriormente, in lui i pensieri rimangono quelli di sempre, i suoi ragionamenti rimangono invariati, ma utilizza l'alcool per riuscire ad esprimerli senza paure, per dar sfogo a chi in lui è sempre rimasto sepolto:

Mi sentii veramente avvilito e vinto. Mi sarei quasi gettato ai piedi di mio suocero per chiedergli perdono. Ma anche quello mi parve un suggerimento del vino e lo respinsi [...] Non tutti gli ubriachi sono preda immediata di tutti i suggerimenti del vino. Quando ho bevuto troppo, io analizzo i miei conati come quando sono sereno e probabilmente con lo stesso risultato.

Ma l'effetto del vino rimane comunque una dimensione temporanea, non è una medicina, la malattia che affligge Zeno, la sua incapacità di vivere, non può essere curata cercando di seppellire la sua vera persona e portandone in vita un'altra.
È questo l'argomento di uno degli ultimi racconti di Svevo, *Vino generoso,* di cui si riportano alcuni passaggi:

[...] Tutti gli altri, a quella tavola, erano giocondi con grande naturalezza, come lo sono sempre gli spettatori. A me la naturalezza mancava del tutto. Era una sera memoranda anche per me. Mia moglie aveva ottenuto dal dottor Paoli che per quella sera mi fosse concesso di mangiare e bere come tutti gli altri. Era la libertà resa più preziosa dal monito che subito dopo mi sarebbe stata tolta. Ed io mi comportai proprio come quei giovincelli cui si concedono per la prima volta le chiavi di casa. Mangiavo e bevevo, non per sete o per fame, ma avido di libertà. Ogni boccone, ogni sorso doveva essere l'asserzione della mia indipendenza. Aprivo la bocca più di quanto occorresse per ricevervi i singoli bocconi, ed il vino passava dalla bottiglia nel bicchiere fino a traboccare, e non ve lo lasciavo che per un istante solo. Sentivo una smania di muovermi io, e là, inchiodato su quella sedia, seppi avere il sentimento di correre e saltare come un cane liberato dalla catena. [...] E bevendo mi preparavo alla ribellione del giorno appresso. Ne avrebbero viste di belle.
Gli altri si dedicavano allo champagne, ma io dopo averne preso qualche bicchiere per rispondere ai vari brindisi, ero ritornato al vino da pasto comune, un vino istriano secco e sincero, che un amico di casa aveva inviato per l'occasione. Io l'amavo quel vino, come si amano i ricordi e non diffidavo di esso, né ero sorpreso che anziché darmi la gioia e l'oblio facesse aumentare nel mio animo l'ira.[149]

E più avanti:

[...] La discussione continuò e nessuno s'accorgeva che quando non parlavo bevevo. E bevevo molto e dicevo poco, intento com'ero a studiare il mio interno, per vedere se finalmente si riempisse di benevolenza e d'altruismo. Lievemente bruciava quell'interno. Ma era un bruciore che poi si sarebbe diffuso in un gradevole tepore, nel sentimento della giovinezza che il vino procura, purtroppo per breve tempo soltanto.

Ma l'espressione più appariscente del Decadentismo italiano è costituita, per storicizzata consuetudine, da Gabriele D'annunzio (1863-1938). D'Annunzio accoglie modi, forme, immagini, con una capacità assimilatrice notevolissima; quasi sempre, però, senza approfondirli, ma usandoli come elementi della sua arte fastosa e portata a un'ampia gamma di sperimentazioni. Per quest'ultimo aspetto lo si può avvicinare al Pascoli, anch'egli impegnato in una ricerca di nuove tematiche linguistiche.
Anche per D'Annunzio fu importante l'incontro col Simbolismo europeo, soprattutto francese, dove s'avverte la ricerca della parola suggestiva, dell'analogia simbolistica, l'ansia d'una poesia che evochi il mistero attraverso raffinate atmosfere sentimentali e di sensibilità e oggetti ridotti a emblemi d'una realtà più profonda: sarà per questo che, seppure il Vate non consumasse vino, ne sapeva magistralmente interpretare la magia. E mentre Pascoli, la cui cantina era ben fornita, tenta inconsciamente (e, spesso, inutilmente) di attenuare la presenza del vino dai suoi versi, quasi a nascondere un vizio, D'Annunzio, astemio, trasforma Bacco in Venere. I suoi personaggi bevono con gli occhi,

l'ebbrezza è sensualità: «Egli vide Elena nell'atto di bagnare le labbra in un vino biondo come un miele liquido. Scelse tra i bicchieri quello ove il servo aveva versato un egual vino; e bevve con Elena», come anche nell'ode *Con il fiore de la bocca umida a bere:*

Con il fior de la bocca umida a bere
ella attinge il cristallo. Io lentamente
le verso a stille il vin dolce ed ardente
entro quel rosso fiore del piacere;
e chinato su lei, muto coppiere,
guardo le forme dilettosamente:
la sua testa d'Ermète adolescente
e la sagliente spira del bicchiere.
Or, poi che le pupille a l'amorosa
concordia de le due forme stupende
Io solo, io solo, io solo ho dilettate,
godo infranger la coppa preziosa;
e improvviso un desìo vano mi prende
d'infranger le membra bene amate. [150]

O come ne *L'uva greca:*

Or laggiù, nelle vigne dell'Acaia,
l'uva simile ai ricci di Giacinto si cuoce;
e già comincia a esser vaia.
Si cuoce al sole, e detta è passolina,
anche laggiù sull'istmo, anche a Corinto,
e nella bianca di colombe Egina.
In Onchesto il mio grappolo era azzurro
come forca di rondine che vola.
All 'ombra della tomba di Nettuno

l'assaporai, guardando l'Elicona.[151]

Ma nella complessa tendenza artistica ostile ai caratteri sperimentali tipici del primo Novecento rientra a buon diritto anche la poesia di un autore apparentemente ombroso come Umberto Saba (1883 - 1957), che del vino scrive:

La vita è così amara,
il vino è così dolce;
perché dunque non bere?
Ogni triste pensiero
tu abbia nella mente
ti si muta in delizia.
Quasi una puerizia
si fa l'età matura,
un intimo sorriso [...][152]

Ma in questo scorcio di XX secolo ci sembra utile non trascurare Ezra Pound (1885- 1972) un artista statunitense che però soggiornò in Italia per lunghissimi periodi e a tutti gli effetti può essere considerato un importante rappresentante di quell'avanguardia che va sotto il nome di modernismo ed è coetaneo delle altre varie avanguardie artistiche europee di primo '900 (come il futurismo, il dadaismo, il cubismo, il surrealismo e altre). Anch'egli scrisse del vino, con delicato tratto lirico, ne *La feccia:*

Un dolce tramonto erra sotto gli alberi
soffice e beato come il ricordo di te,
appena si sente un mormorio di menestrelli,
un canto vespertino a più voci nel vento sottile
ogni fruscio rende più lieve al corista strisciante

il canto, fa vibrare il mio cuore fino a che scoppi di gioia;
accetta, per ciò, questa mia tormentata litania
esitante e lenta a pulsare ché è solo il fondo
del vino e del canto ciò che gli antichi bardi
hanno lasciato per me affinché brindi alla tua gloria.
Ma questa torbida e rossa feccia tratterrà
L'esile fragranza del vino passato.
Oh Amore-, mio bianco -fiore - di - gelsomino
fa che il bacio sulla coppa sia tuo.[153]

L'intermezzo internazionale modernista ci consente di fare una parentesi dialettale che tuttavia appartiene a buon diritto alla corrente verista: è infatti il momento di Trilussa (pseudonimo di Carlo Alberto Salustri, Roma 1871-1950), artista fine ed estroso e noto come favolista satirico in dialetto romanesco con una vena malinconica e amara, autore di un gran numero di poesie, alcune delle quali in forma di sonetti, di cui spesso ne illustrava personalmente il testo; dopo un'infanzia molto povera e studi non proprio regolari, debuttò prestissimo nel 1887 con alcune brevi poesie romanesche, ispirato dalla gente e dalle strade di Roma di cui i suoi personaggi fanno parte e crebbe la sua fama tra il 1920 e il 1930 quando la sua notorietà raggiunse il massimo, pur non frequentando mai i circoli letterari del tempo. La satira di Trilussa è scherzosa, diretta contro le piccole miserie della vita, i cui compromessi vengono ridicolizzati con umorismo punzecchiante.
Nella sua poesia c'è un profondo insegnamento politico: fin quando gli sfruttati e gli oppressi sono divisi tra loro, i padroni avranno sempre la meglio. Il poeta non tacque neanche durante il fascismo, anzi espresse sempre, in maniera

moderata ed onesta, l'ostilità popolare alla dittatura. Con arguzia e modi disincantati, Trilussa ha commentato circa cinquant'anni di cronaca romana e italiana, dall'età giolittiana agli anni del fascismo e a quelli del dopoguerra. In tale ambito satirico il vino entra in qualità di coprotagonista in una infinità di sonetti e quindi ci si limiterà alla presentazione di uno dei più incisivi, *Acqua e vino:*

Se certe sere bevo troppo e er vino
me ne fa quarchiduna de le sue,
benché sto solo me ritrovo in due
con un me stesso che me viè vicino
e muro-muro m'accompagna a casa
pe' sfuggì da la gente ficcanasa.

Io, se capisce, rido e me la canto,
ma lui ce sforma e pe' de più me scoccia:
– Nun senti che te gira la capoccia?
Quanno la finirai de beve tanto?
– È vero, – dico – ma pe' me è una cura
contro la noja e contro la paura.

Der resto tu lo sai come me piace!
Quanno me trovo de cattivo umore
un bon goccetto m'arillegra er core,
m'empie de gioja e me ridà la pace:
nun vedo più nessuno e in quer momento
dico le cose come me la sento.

- E questo è er guajo! - dice lui – Più bevi
più te monti la testa e più discorri

e nun pensi ar pericolo che corri
quanno spiattelli quello che nun devi;
sei sincero, va be', ma ar giorno d'oggi
come rimani se nun ciai l'appoggi?

Impara da Zi' Checco: quello è un omo
ch'usa prudenza e se controlla in tutto:
se pensa ch'er compare è un farabbutto
te dice ch'er compare è un galantomo,
in modo ch'er medesimo pensiero
je nasce bianco e scappa fôri nero.

Tu, invece, quanno bevi co' l'amichi,
svaghi, te butti a pesce e nun fai
caso se ce n'è quarchiduno un po' da naso
pronto a pesà le buggere che dichi,
che magara t'approva e sotto sotto
pija l'appunti e soffia ner pancotto.

Stasera, a cena, hai detto quela favola
der Pidocchio e la Piattola in pensione:
ma te pare una bell'educazzione
de nominà 'ste bestie propio a tavola
senza nemmanco un occhio de riguardo
pe' l'amichi che magneno? È un azzardo!

Co' tutto che c'è sotto la morale
la porcheria rimane porcheria:
e se quarcuno de la compagnia
se sente un po' pidocchio, resta male.
Co' la piattola è peggio! Quanta gente
vive sur pelo e nun sapemo gnente?

Le verità so' belle, se capisce,
ma pure in quelle ciabbisogna un freno.
Eh! se ner monno se parlasse meno
quante cose annerebbero più lisce!
Ch'er Padreterno te l'amarmi bona
da li discorsi fatti a la carlona! –

E ammalappena er vino che ciò in testa
sfuma nell'aria e me ritrovo solo
capisco d'avé torto e me consolo
che in un'epoca nera come questa
s'incontri ancora quarche bon cristiano
che, se sto pe' cascà, me dà una mano. [154]

Il realismo di Trilussa si rinnoverà diversi anni più tardi con una corrente che, per L appunto, sarà denominata "neorealismo" alla quale aderiranno, non tanto per convinzione quanto piuttosto nelhespressione formale, numerosi autori italiani, tra i quali Ignazio Silone (1900-1978), al secolo Secondo Tranquilli, che, a proposito di vino, dichiarerà perentoriamente:

Il pane di grano bagnato nel vino rosso, non c'è nulla di meglio.
Ma bisogna avere il cuore in pace.[155]

Di genere simile, ma anche molto differente, è Cesare Pavese (1908-1950) che infatti è stato definito tanto un neorealista quanto il suo esatto contrario, un antirealista. Lui stesso, in un'intervista alla radio del 1950, criticava chi lo giudicava soltanto un figlio della scrittura degli americani e del realismo. La critica più recente ha puntato invece soprattutto sul simbolo. Quel che finora non si è visto è l'unione tra realismo e simbolismo, che era la cifra del suo impegno di scrittore che, appunto, si svilupperà su due piste, come lui stesso scriverà nel *Diario.* Il tentativo di unire la "realtà rugosa" - un'espressione ripresa da Rimbaud - il realismo, il mondo in diretta dei ceti popolari con la realtà eterna del simbolo; un connubio che viene messo in luce anche nel suo rapporto con il vino che però è solo vino potenziale, poiché ciò che più gli interessa, è la realtà della vigna, espressione della terra e del divenire, come si evince dai non facili versi de *La terra e la morte:*

Anche tu sei collina
e sentiero di sassi
e gioco nei canneti,
e conosci la vigna
che di notte tace.
Tu non dici parole.
C'è una terra che tace
e non è terra tua.
C'è un silenzio che dura
sulle piante e sui colli.
Ci son acque e campagne.
Sei un chiuso silenzio
che non cede, sei labbra
e occhi bui. Sei la vigna.
È una terra che attende
e non dice parola.
Sono passati giorni
sotto cieli ardenti.
Tu hai giocato alle nubi.
È una terra cattiva –

la tua fronte lo sa.
Anche questo è la vigna.
Ritroverai le nubi
e il canneto, e le voci
come un'ombra di luna.
Ritroverai parole
oltre la vita breve
e notturna dei giochi,
oltre l'infanzia accesa.
Sarà dolce tacere.
Sei la terra e la vigna.
Un acceso silenzio
brucerà la campagna
come i falò la sera.[156]

Ma già, solo pochi anni prima, si era andato sviluppando un genere artistico e "filosofico" di tutt' altra portata, in considerazione deir enorme coinvolgimento della società italiana ed europea: si tratta del Futurismo, che conta, tra i suoi massimi esponenti un artista totale come Fortunato Depero (1892 - 1960).
C'è da dire che l'adesione di Depero al Futurismo non fu incondizionata. Ad esempio assunse fin dal principio una posizione critica nei confronti della volontà di Boccioni di "rifare la storia". Fu invece molto più vicino alle concezioni del suo maestro Balla, considerandolo il pioniere di una ricerca approfondita sulla genesi e la struttura funzionale della forma. Tale ricerca verrà poi portata avanti da Depero in maniera molto discreta all'interno del gruppo futurista, individuando e chiarendo analiticamente la relazione tra Futurismo e altre correnti artistiche. Depero oltre ad essere pittore e scenografo, arti per le quali è più noto, fu anche

poliedrico poeta che seppe cantare il vino come pochi ed in modo originalissimo, come è attestato dai versi liberi di *Quattro bocche assetate* tratti dalle *Liriche radiofoniche* del 1934:

La prima bocca dice:
Io voglio del vino asciutto. Rosso-chiaro, con trasparenze di rubino.
Accostando il bicchiere alle labbra un tepore profumato mi deve leggermente inebriare.
Al palato deve apparire quieto, scorrevole e dissetante. Nella gola deve scivolare come una cascatella cristallina di pace raccolta e di poesia silenziosa.
Attraverso i suoi riflessi devo vedere la linea flessuosa del suo profilo sottile di vespa. Chiaro, sanguinello di fragola filtrata, con vene azzurrine di aria purissima prealpina.
Vino preparatorio, adolescente, primaverile, che mi dà un senso di bagno interiore, di sana strigliatura ai muscoli e di leggero calore ottimista.

La seconda bocca dice:
10 *desidero vino spesso, rotondo, carnoso, nutritivo e pieno.*
Un vino che mi dice tutto: niente dolce, sodo e sonoro. Un vino di razza, maturo e virile, quadrato di corpo, quasi fosco nel cipiglio, profondo nello sguardo.
Quando scrive sulla tovaglia deve essere nero e fortemente affermativo. La sua macchia versata ben contornata, senza sbavature acquose.
Nella gola deve scendere come un cibo, come una fetta di carne liquida.
11 *suo profumo di corto raggio, poco espansivo, ma saturo ed intenso.*
Un vino del Sud, dal viso abbronzato, dal nervo solare, dal pugno

sicuro, dal grado alto, dalla voce appassionata.
Vino innamorato cotto.

La terza bocca dice:
Io lo desidero colore dell'oro.
Pastoso al palato, zuccherino alla gola. Vino che canti i vigneti solatii dei colli appenninici, dei colli romani e dei golfi estivi.
Bianco per modo di dire; il suo vero colore tra l'oro e il rame, con liste d'ottone, con pupille d'oro vecchio e sguardi d'oro nuovo.
Sulla lingua si deve distendere come l'olio e nella gola scendere come il velluto.
Allo sguardo deve apparire come il sole in bottiglia.
Aroma di pesca matura, forza d'un liquore; fluidità di una chioma tizianesca.
In bocca deve riempire caldamente con intimità infiammante.
Appena bevuto deve trasformare il sangue in oro solare: le vene irradiare luce fosforescente, dando un senso di beatitudine.
Le sue mani calde, con la febbre dell'amore. La sua parola turgida, procace.
Le sue labbra di carne dura, rigonfie di succo quasi lascivo.

La quarta bocca dice:
Io ho tutt'altri gusti. Sono metropolitano e notturno.
Desidero vino: né solido, né scuro, né leggero, né dorato; né dolce, né passito; né tizianesco,
né rubino. Ma un vino spumante in décolleté, d'argento, saltante.
Che appena sturato inizi il suo canto squillante con un colpo di pistola. Con uno scoppio verticale secco diretto al soffitto.
Superbo come il fischio di una vaporiera, con in testa un alto ciuffo di schiuma da parata. Un vino corazziere.
Un vino che appena giunge in bocca ricordi i cedri, i limoni, gli aranci e le schiume marine, frammisti a bei denti bianchi e a

spumeggianti risate di gioia notturna. Trasparenze di scollatura, riflessi di alabastro, mani di cera inanellate;
Parigi, Sanremo, Montecarlo, roulette, occhi di lampadine, dollari e girandole di fuochi d'artificio.
Brindisi - decorazioni - vittorie - battesimi - cerimonie -fanfare - bottiglie prese per il collo e uccise contro il muso tagliente delle prue - musica a bordo -fischi di sirene e jazz nei cabaret.
Gioia sturata e fontana iridescente di felicità...
Garcon, champagne![157]

Ma l'epoca futurista è la medesima che vede la nascita e lo sviluppo di quelle dittature europee che caratterizzeranno il Novecento. In Spagna la repubblica, democraticamente eletta, soccomberà alla dittatura franchista, diretta derivazione del fascismo italiano. Moltissimi furono i poeti che combatterono per la libertà e dovettero rifugiarsi all'estero a seguito della sconfitta repubblicana. Tra questi l'indimenticato Rafael Alberti (1902 - 1999), che si rifugerà prima in Francia, poi in Argentina, quindi nel 1963 in Italia, a Roma, in Trastevere.
Nel suo lungo soggiorno romano il poeta frequentò assiduamente i circoli intellettuali progressisti ed ebbe un lungo sodalizio culturale con la poetessa italiana, ispanista, Elena Clementelli. Alberti rientrerà in Spagna nel 1977 solo dopo la morte di Francisco Franco e otterrà il *Premio Cervantes.* Di rara forza evocativa i suoi versi dedicati al vino ne *Le fonti eran di vino* (tratto dalla raccolta *Tra il garofano e la spada):*

Le fonti eran di vino.
I mari, di uva violacea. Chiedevi acqua.

Scese il calore al ruscello.
Il ruscello era mosto.

Chiedevi acqua.
Rabbrividiva il toro. Il fuoco era di moscatello nero.

Chiedevi acqua.
(Due tralci di vino dolce
ti zampillarono dai seni).[158]

Con gli affari della Spagna franchista entrò in qualche modo anche il poeta cileno Pablo Neruda (1904-1973), considerato una delle più importanti figure della letteratura latino americana contemporanea. Il suo vero nome era Nettali Reyes Basoalto (per esteso, Ricardo Eliezer Nettali Reyes Basoalto). Usava l'appellativo d'arte Pablo Neruda (dallo scrittore e poeta ceco Jan Neruda) che in seguito gli fu riconosciuto anche a livello legale. Avendo intrapreso la carriera diplomatica nel 1933 è console a Buenos Aires dove conosce Federico Garcia Lorca (che rimarrà ucciso in Spagna). L'anno successivo è a Madrid dove stringe amicizia con Rafael Alberti. Allo scoppio della Guerra Civile (1936) parteggia per la repubblica e viene destituito dall'incarico consolare. Si reca quindi a Parigi. Qui diviene console per l'emigrazione dei profughi cileni repubblicani. Nel 1940 Neruda viene nominato console per il Messico e nel 1945 viene eletto senatore nel partito comunista. Nel 1949 dopo un periodo di clandestinità, per sottrarsi alla dittatura di Videla, fugge dal Cile e viaggia attraverso l'Europa fermandosi alcuni anni in Italia, stabilendosi a Capri. Riceve il Premio Nobel per la Letteratura nel 1971. Muore a Santiago il 23 settembre 1973. Sua la bellissima lirica *Ode al vino,* che diverrà punto di riferimento, fino ai nostri giorni, per una descrizione simbolico-sensoriale del vino, non tralasciando gli echi mistici del *Cantico dei cantici:*

Vino colore del giorno,
vino colore della notte,
vino con piede di porpora
o sangue di topazio,
vino,
figlio stellato
della terra,
vino, liscio
come una spada d'oro,
morbido
come un velluto scompigliato,
vino ravvolto a chiocciola
o sospeso,
vino amoroso,
marino,
non sei mai presente in una sola coppa,
in un canto, in un uomo,
sei corale, gregario,
o, almeno, reciproco.
Talvolta
ti nutri di memorie
mortali,
sulla tua onda
andiamo di tomba in tomba,
scalpellino di gelido sepolcro,
e piangiamo
lacrime fugaci,
eppure
il tuo bel vestito
di primavera

è diverso,
il cuore si arrampica sui rami,
il vento muove il giorno,
nulla rimane
nella tua anima immobile.
Il vino
muove la primavera,
cresce come una pianta di allegria,
cadono muri,
rocce,
si chiudono gli abissi,
nasce il canto.
Oh, brocca di vino, tu nel deserto
con la deliziosa che amo,
ha detto l'antico poeta.
E possa al peso dell'amore
l'orcio di vino aggiungere il suo bacio.
Amore mio, d'un tratto la tua anca
è la curva ricolma
della coppa
il tuo seno è il grappolo,
la luce dell'alcol la tua chioma,
le uve i tuoi capezzoli,
il tuo ombelico un puro marchio
stampato sul tuo ventre di anfora,
e il tuo amore la cascata
di vino inestinguibile,
il chiarore che piove sui miei sensi,
lo splendore terrestre della vita.
Ma non solo amore,
bacio bruciante
o cuore bruciato,

sei tu, vino di vita,
anzi tu sei amicizia di gente, trasparenza,
coro di disciplina,
abbondanza di fiori.
Amo sopra una mensa,
mentre si discorre,
la luce di una bottiglia
di intelligente vino.
Lo bevano,
e ricordino in ogni
goccia d'oro
o in ogni coppa di topazio
o cucchiaio di porpora
che l'autunno ha lavorato
fino a riempire di vino le giare,
e impari l'uomo ignoto,
nel cerimoniale del suo commercio,
a rammentare la terra e i suoi doveri,
a propagare il cantico del frutto.[159]

A vivere dello stesso simbolismo non esente da misticismo è l'ultimo poeta preso in esame in questa raccolta, anzi una poetessa, Biagia Marniti (1921 - 2005) che, scomparsa da appena un lustro, segna il trapasso della poesia da ciò che è stato a ciò che sarà. Discepola prediletta di Giuseppe Ungaretti, del grande poeta prende solo in parte l'anima ermetica, rimanendo sostanzialmente autonoma. D'altronde Ungaretti risiederà per molti anni a Marino, uno dei Castelli Romani famosi per il vino. Giovanni Battista Angioletti, amico del poeta, ricorda una sua visita con altri estimatori, una domenica del 1932, che gli dà modo di annotare le sue impressioni, di una casa accogliente, di una stanza ingombra di libri, giornali, lettere. Il vino di Marino è buono e mette allegria: Ungaretti ne è discreto ma convinto degustatore. Biagia Marniti conoscerà Ungaretti molto più tardi, all'inizio degli anni '50. Lei, di origini pugliesi, è però una donna indipendente e intraprendente, legata alla famiglia a cui riconosce i sacrifici fatti per farla studiare, ma capace di trovare presto una propria strada. Anche nella poesia si distingue subito un'individualità non canonizzabile in orientamenti o 'scuole',. ma tendente invece ad un dialogo continuo, anche se difficile, con gli altri e con la città che le vive intorno. C'è nella poesia della Marniti uno slancio, un tentativo di oltrepassare la propria soggettività, una sensazione positiva e coraggiosa fondata sulla solidarietà ma anche sulla consapevolezza dolorosa del progressivo, rapido appiattimento della vita sociale. Ma anche lei, in questa sua ricerca di una "religiosità laica", farà riferimento alla simbologia cromatica del vino in una sua opera inedita del 2000, intitolata, appunto, *Colore del vino* e dedicata al Concorso Nazionale di poesia "Premio Rabelais" di cui ella fu per molti anni presidente:

Demone o angelo che indomito
mi segui fin dal mattino, ricorda.
Per una goccia il calice trabocca.
Ore grevi intralciano i miei giorni
quale funesta luna i campi incolti;
franano le cose
e anche i pampini s'incendiano
in un rosso fiume senza sponda.
Per una goccia il calice trabocca.
Lilith, luna nera.
emblematico segno della mia nascita

sai che colore del vino è l'anima mia;
ma per una goccia il calice trabocca.[160]

Bibliografia

RIFERIMENTI BIBLIOGRAFICI
TESTI GENERALI SULLA STORIA DEL VINO, DEI SUOI SIMBOLI E DEI SUOI POETI

P. Aboth, Morale di maestri ebrei, (a cura di Y Colombo) Canicci, Roma, 1977
Abu Nuwàs, Antologia Bacchica, Tallone, Alpignano 1990
R. Acquaviva, B. Bonucci, R. Glannetti, Antologia della Poesia italiana, Einaudi, Torino 1997
R. Alleau, La scienza dei simboli, Sansoni, Firenze, 1983
Antologia Palatina, U.T.E.T, Torino 2005
A. Appiano, Dall'anfora al cartone in "Il vino e l'uomo", Coop. Astrea, Parma, 1984
C.B. Augeri, Vite e vino in Sicilia, Tipografia "Artistica editrice", Roma, 1979
G. Bachelard, L'intuizione dell'istante. La psicoanalisi del fuoco, Dedalo, Bari, 1973
R. Barthes, Il vino e il latte, in "Miti d'oggi" Lerici, Milano, 1962
L. Benoist, Segni, simboli e miti, Garzanti, Milano, 1976
F. Bentivegna, L'imballaggio nei tempi antichi, SISA, Asti, 1969
U. Bernardi, Creaturam vini, Camunia, Milano 1995
B. Bonucci, R. Giannetti, L'arte del vino a Montepulciano, Donchisciotte, S. Quirico d'Orcia 1994
C. Borgoni, Poesie sessualmente appetibili, Le Balze, Montepulciano 1999

P. Camporesi, Alimentazione Folklore Società, Pratiche, Parma, 1980
G. Caporali, I poeti del vino, Protagon editori, Colle Val d'Elsa, 2007
G.P. Caprettini, Vinum in cathedra, in "Il vino e l'uomo" Coop. Astrea, Parma, 1984
G.P. Caprettini, Voce "Allegoria", Enciclopedia Einaudi, vol.I, pagg. 363-392, Torino, 1977
G.R. Carogna, La foresta di piume, Laterza, Roma-Bari, 1985
L. Charpentier, I misteri del vino, Atanor, Roma, 1981
Dai dolia all'acciaio e alla plastica, Vignevini, 1/2 (1980): 31-32
M. Donà, Filosofia del vino, Bompiani tascabili, Milano, 2005
U. Eco, Voce "Simbolo", Enciclopedia Einaudi, vol.XII, pagg. 877-914, Torino, 1981
M. Eliade, Storia delle credenze e delle idee religiose, Sansoni, Firenze, 1979
E. Faccioli, Arte della cucina, II Politilo, Milano, 1966
M. Ferrarese, Il vino fatto in casa, Edagricole, Bologna, 1984
R. Firth, I simboli e le mode, Allen&University Press, London, 1973
R.G. Forbes, Alimenti e bevande, in "Storia della tecnologia" Boringhieri, Torino, 1967
A. Graf, La leggenda del vino, in "II Vino. Undici Conferenze" Loescher, Torino, 1890
R. Guenon, Simboli della scienza sacra, Adelphi, Milano, 1990
H. Johnson, Il vino, Tradizioni e cultura, F. Muzzio, Padova, 1991

D. Magrassi, Cin Cin, te lo dico con un libro, Libro Auguri, Milano, 1992
G. Mainardi e P. Berta, Il vino nella storia e nella letteratura, Edagricole, Bologna, 199
G. Mainardi, P. Berta, Acqua e Vino, Vini d'Italia, 3 (1988): 16-22
G. Mainardi, P. Berta, II Vino ed il Simbolo, Vini d'Italia, 4 (1986): 27-32
A. Marescalchi, G. Dalmasso, Storia della vite e del vino in Italia, Un. Italiana Vini, M
M. Mamiani, Vinum veritas, in "II vino e l'uomo" Coop. Astrea, Parma, 1984
M. Montanari, Convivio, Laterza, Roma-Bari, 1989
Memoria del vino, Blu di Prussia editrice, Piacenza, 2007
L. Paronetto, Lo spumante classico nel corso dei secoli, Ind. Bevande, agosto 1987
R. Ratti, Civiltà del Vino, Scialpi, Roma, 1973.
J.F. Revel, 3000 anni a tavola, Rizzoli, Milano, 1979
G. Ronchetti, Dizionario illustrato dei simboli, Hoepli, Milano, 1985
A. Saltimi, Storia delle scienze agrarie, Edagricole, Bologna, 1984
Tempo del vino (II), Blu di Prussia editrice, Piacenza, 2006
Vino, Undici Conferenze (II), Loescher, Torino, 1890
Vino versato (II), Blu di Prussia editrice, Piacenza, 2005
LA NASCITA DEL VINO E DEI SUOI POETI: dal paleolitico all'inizio della sto
D. Bassi, Mitologia Babilonese-Assira, Cisalpino Goliardica, Milano, 1976
P. Berta, Israele Terra di Vino, Vignevini 3 (1987): 23-30
Civiltà degli Egizi. La vita quotidiana, Ist. Bancario S. Paolo

di Torino, Milano, 1987
S. Donadoni, Testi Religiosi Egizi, TEA, Torino, 1988
S. Donadoni, La Letteratura Egizia, Sansoni, Firenze, 1968
G. Dumézil, Storie degli Sciti, Rizzoli, Milano, 1980
A. Eban, Storia del popolo ebraico, Mondadori, Milano, 1971
A. Gardiner, La Civiltà Egizia, Einaudi, Torino, 1971
G. Garoglio, Il vino e la vite nelle leggende, nella religione, nei costumi dell'Italia e degli a
mediterranei, in "Nuovo trattato di Enologia" Voi. 1 pagg. 144-199
R. Ghirshman, La civiltà persiana antica, Einaudi, Torino, 1972
C.H. Gordon, Il Vecchio Testamento, Morcelliana, Milano, 1971
R. Graves, R. Fatai, I miti ebraici, Ed. Associati, Milano, 1988
CJ. Guyonvarc'h, L'Epopea di Cuchulainn, Mediterranee Edizioni, Roma, 2009
G. Levi, Parabole, leggende e pensieri raccolti dai libri Talmudici dei primi cinque secoli dell'EV... Le Monnier, Firenze, 1961
P.E. Mc Govern, L'archeologo e l'uva, Carocci, Roma 2004
S. Morenz, La Religione Egizia, II Saggiatore, Milano, 1968
S. Moscati, Antichi Imperi d'Oriente II Saggiatore, Milano, 1963
S. Moscati (a cura), L'Alba della Civiltà, Utet, voll. I-II, Milano, 1976
G. Pettinato, La saga di Gilgamesh, Mondadori, Milano 2004.
H.C. Puech, Storia delle religioni, vol. 6 Laterza, Roma-Bari,

1977
C. Renfrew, Le origini delle lingue indoeuropee, Le Scienze, 256 (1989): 98-106
N.K Sandars., L'epopea di Gilgamesh, Adelphi, Milano 1986
E. Salza Prina Ricotti, L'alimentazione ed il banchetto in epoca greca, in L'arcano convito, Cultural publications of the "Cassa di Risparmio di Verona.
E. Salza Prina Ricotti, Dossier: L'arte del bere nell'antichità, in Archeo, n.81, November 1991
A. Segre, Principali Festività Ebraiche, Unione delle Com. Israelitiche Italiane, Roma, 1966-1970
B. Sergent, Celti e Greci, Mediterranee Edizioni, Roma, 2005
H. Siegert, I Traci, Garzanti, Milano, 1983
E. Strommenger, L'arte della Mesopotamia, Sansoni, Firenze, 1963
D.H. Trump, La preistoria del Mediterraneo, Mondadori, Milano, 1983
Voce "Paleobalcanici in Enciclopedia delle Religioni, voi. IV Vallecchi, Firenze, 1972
M. Weber, Sociologia della Religione - L'antico Giudaismo, Newton Compton, Roma, 1980

VINO E POESIA NEL MONDO GRECO: IL VINO FILOSOFALE

S. Beta, Vino e poesia, La vita felice, Milano 2006
K. Bielohlawek, Precettistica conviviale e simposiale nei poeti greci, in "Poesia e Simposio nella Grecia antica" Laterza, Roma-Bari, 1983
J. Boardman, Eros in Grecia, Mondadori, Milano, 1975

M. Cavalli, Il miele di Afrodite, Mondadori, Milano 1991.
L. Della Bianca, S. Beta, Oinos, Carocci, Roma 2002.
F Della Corte, Antologia degli scrittori greci, Loescher, Torino, 1971
M. Detienne, Dioniso e la pantera profumata, Laterza, Roma-Bari, 1987
M. Detienne, Dioniso a cielo aperto, Laterza, Roma-Bari, 1987
Dionysos, Mito e mistero, Nuova Alfa, Bologna 1989
F.M. Fontani, I lirici greci, Einaudi, Torino, 1969
F.M. Fontani, Saffo, Alceo, Anacreonte, Einaudi, Torino, 1979
B. Gentili, Eros e il simposio, in Poesia e Simposio nella Grecia antica, Laterza, Roma-Bari, 1983
P Gozzi, Dal culto di Dioniso ai baccanali, Vignevini, 3 (1980): 35-36
P. Gozzi, II vino come medicina nel mondo classico, Vignevini, 5 (1980): 25-26
Letteratura greca della Cambridge University (La), Mondadori, Milano 1997
M.A. Levi, La Grecia Antica Società e costume Storia sociale e tecnologica, UTET, Torino, 1963
Lirici greci, Fabbri, Milano 1991
G. Maddoli, La civiltà Micenca, Laterza, Roma-Bari, 1981
E. Mireaux, I Greci al tempo di Omero, II Saggiatore, Milano, 1961
1. Montanelli, La storia dei greci, Rizzoli, Milano 1959
D. Musti, Il simposio, Laterza, Bari 2001.
Omero, Iliade, Einaudi, Torino 1950.
Omero, Odissea, Einaudi, Torino 1963
E. Pellizer, Della zuffa simpotica, in Poesia e Simposio nella

Grecia antica, Laterza, Roma-Bari, 1983
S. Quasimodo, Lirici Greci, Mondadori, Milano 1994
E Salza Prina Ricotti, L'alimentazione nel mondo greco, Archeo, 44 (1988): 48-91
E. Salza Prina Ricotti, L'arte del convito nell'antica Grecia. L'Erma di Bretschneider, Rome, 2005
A. Setti, G. Ugolini, Lirici greci e poeti ellenistici, Le Monnier, Firenze, 1972
B. Snell, La cultura greca e le origini del pensiero europeo, Einaudi, Torino, 1971
Vino di Dioniso (II), Protagon Editori Toscani, Siena 2002.

VINO E POESIA NEL MONDO ROMANO: IL VINO SENSUALE

P. Artes, G. Duby, La vita privata dall'impero all'anno 1000, Laterza, Roma-Bari, 1986
L. Capogrossi, L'agricoltura romana, Laterza, Roma-Bari, 1986
J. Carcopino, La vita quotidiana a Roma, Laterza, 2005
Columella, Arte dell' Agricoltura, Einaudi, Torino, 1977
A. Dosi, E. Schnell, Pasti e vasellame da tavola, Quasar, Roma 1986.
A. Dosi, E. Schnell, Le abitudini alimentari dei Romani, Quasar Roma 1992
O. Drimba, Ovidio, la vita, l'ambiente, l'opera, Bulzoni, Roma, 1971
P Gozzi, Crateri Ciati e Coppe alle Mense Greco-Romane, Vignevini, 1/2 (1980): 29-31
Graffiti Latini, R.C.S. Libri SpA, Milano 1988.

M. Grant, Storia di Roma Antica, Newton Compton, Roma, 1981
M. Grant, Eros a Pompei, Mondadori, Milano, 1974
Letteratura latina della Cambridge University (La), Mondadori, Milano 1991
M.A. Levi, Il tempo di Augusto, La Nuova Italia, Firenze, 1967
C Lozzi, Usanze biberatiche in Grecia e a Roma, Enotria, 6 luglio (1981):16-18
Marziale, Epigrammi, R.C.S. libri S.p.A., Milano 2000.
1. Montanelli., Storia di Roma, Rizzoli, Milano 1969.
Orazio, Le opere, Garzanti, Milano 1988
Orazio, Odi e Epodi, Biblioteca Universale Rizzoli, 1994
Ovidio, L'arte di amare, Arnoldo Mondadori, Milano 1991
Petronio, Satyricon, trad. Edoardo Sanguinetti, Aldo Palazzi Editore, Roma, 1969
Plinio, Storia Naturale, Einaudi, Torino 1984.
M. Rostovzev "Storia economica e sociale del mondo ellenistico" Nuova Italia, Firenze, 1973
A. Saltimi, L'economia della vite e del vino sulle rive del Mediterraneo romano, Vignevini 11/12 1979
E. Salza Prina Ricotti, Cibi e banchetti nell'antica Roma, Archeo, 46 (1988):53-97
F. Serpa, Il punto su Virgilio, Laterza, Roma-Bari, 1987
Virgilio, Opere (a cura di C. Carena) UTET, Torino, 1971
Virgilio, Eneide (trad. A. Caro) Arnoldo Mondadori, Verona, 1956
Virgilio, Georgiche, (trad. A. Barchiesi) Mondadori, Milano, 1980
Virgilio, Bucoliche, Georgiche (trad. A. Richelmy) Einaudi, Torino, 1981

VINO E POESIA NEL MONDO MEDIOEVALE: IL VINO SANTO E GIOCOSO

G. Alberti, Diaeta parca e salute, Hoepli, Milano, 1976
D. Alighieri, La Divina Commedia, (a cura di N. Sapegno) vol.II, La Nuova Italia, Firenze, 1956.
D. Alighieri, Tutte le opere, (edizione del centenario), U.Mursia & C., Milano 1965
P. Aretino, Il Manganello, Basaia, Roma, 1984
A. Bacci, Storia naturale dei vini, in "Arte della cucina" II Polifilo, Milano, 1966
A. Bausani, Omar Khayyam, Quartine, Einaudi, 2002.
M. Bloch, La società feudale, Torino, 1949
G.M Cantarella., Una sera dell'anno Mille, Garzanti, Milano 2000.
G. Chaucer, I racconti di Canterbury, RCS Libri S.p.A., Milano 1998.
C. Cappuccio, Poeti e prosatori italiani, Sansoni 1964.
G. Duby, San Bernardo e l'arte cistercense, Einaudi, Torino, 1982
F. Figurelli, La musa bizzarra di Cecco Angiolieri, Pironti e figli Editori, Napoli, 1950
P. Gozzi, Il vino nelle sacre cerimonie cristiane, Vignevini, 6 (1980): 15-16
P. Gozzi, Risveglio dell'agricoltura dopo i secoli bui, Vignevini, 2 (1979): 57-58
P Gozzi, La Viti-cnologia nell'alto medioevo, Vignevini, 1 (1979): 40-41
P. Gozzi, L'enologia trecentesca e il tema del vino nella

poesia giocosa, Vignevini, 4 (1979): 70
J. Le Goff, La civiltà dell'Occidente medievale, Einaudi, Torino, 1983
J.H. Minnesänger, Il grande manoscritto di Heidelberg, FMR, Milano 1983
A.M. Nada Patrone, Trattati medici diete e regimi alimentari in ambito pedemontano alla fine del Medioevo, Archeologia medievale, 8 (1981): 369-391
A. Pertusi, Civiltà della tavola dal medioevo al rinascimento, Neri-Pozza, Vicenza, 1984
A.I. Pesti, II vino nella civiltà italiana, Conferenza sul vino e la civiltà europea, Firenze, 9
dic. 1986.
Regola di San Benedetto (La), C.D.E. spa, Milano 1995.
Girolamo Mancuso (a cura di), Poesie cinesi d'amore e di nostalgia, G.T.E.. Newton, Roma, 1995
P.Rossi (a cura di), Carmina Burana, Tascabili Bompiani, Milano, 1989
Salimbene De Adam, Cronica, (a cura di G. Scalia) Laterza, Roma-Bari, 1966
R. Soriga, La vite e il vino nella letteratura volgare del Medioevo italiano, in "Storia della vite e del
vino in Italia" Unione Italiana Vini, Milano, 1979
J. Verdon, Bere nel Medioevo, Dedalo, Bari 2005.
A. Viscardi, Saggio sulla letteratura religiosa del medio evo romanzo, Olschki, Firenze, 1940
M. Vitale, Rimatori Comico-Realistici, UTET, Torino, 1956
G. Volpe, ed al., La vita medioevale italiana nella miniatura, Bestetti, Roma, 1960
P. Zumthor, Semiologia e poetica medievale, Feltrinelli, Milano, 1973

VINO E POESIA TRA UMANESIMO E RINASCIMENTO:
IL VINO DELLE GRANDI BEVUTE

L. Ariosto, Orlando Furioso, Einaudi, Torino, 1966
L. Ariosto, Satire, Bur Rizzoli, Milano, 2009
M. Bachtin, L'opera di Rabelais e la cultura popolare, Einaudi, Torino, 1982
G. Baldini, La fortuna di Shakespeare, Il Saggiatore, Milano, 1965
G. Boquet, Teatro e società: Shakespeare, Mursia, Milano, 1972
T Carrubba, In vino veritas, Logart Press, Roma 1991.
A. da Barberino, Il Guerrin meschino, Antenore, Roma-Padova, 2005
E. da Rotterdam, Elogio della Follia, Demetra, Colognola ai Colli (VR), 1999
E. da Rotterdam, Del mangiar pesce, in "Colloqui", Garzanti, Milano, 2001
E. da Rotterdam, Il banchetto delle novelle, in "Colloqui", Garzanti, Milano, 2001
T Folengo, Baldus (a cura di M. Chiesa), UTET, Torino, 1997
F. Fonvieille-Alquier, Francois Rabelais, Mondadori, Milano, 1977
JW Goethe, Faust, Sansoni, Firenze, 1948
D. Hardman, Shakespeare, Garzanti, Milano, 1960
Marco Lastri, L'Osservatore Fiorentino Sugli Edifizi Della Sua Patria, Firenze 1718
I. Montanelli, L'Italia dei secoli d'oro, Rizzoli, Milano 1967.

Francois Villon (a cura di R. Mussapi), Ballate del tempo che se ne andò, Il Saggiatore, Milano,
2008
Parnaso Italiano (Voll.I-XI), Einaudi, Torino 1968.
Luigi Pulci, Il Morgante, BUR Biblioteca Univ Rizzoli, Milano, 2002
F. Rabelais, Gargantua e Pantagruel, Einaudi Tascabili, Torino, 1993
W. Shakespeare, Teatro, Einaudi, Torino, 1964
C. Trabazza, E. Allodoli, P.P. Trompeo, Esempi di analisi letteraria, G.B. Paravia, Torino, 1930

VINO E POESIA NEL SEICENTO E NEL SETTECENTO: IL VINO MANIERISTA E RAZIONALE

M. Aub, Storia della letteratura spagnola, Laterza, Roma-Bari, 1972
F. Bacone, Nuova Atlantide, Silvio Berlusconi editore, Milano 1996
F. Bacone, Nuovo organo, Bompiani, Milano, 2002
G. Bruno, Spaccio de la bestia trionfante, Universale Rizzoli, Milano, 1985
T. Campanella, Della possanza dell'uomo, in "Opere letterarie", UTET,Torino, 1977 (307-308)
M. De Cervantes, Don Chisciotte, Mondadori, Milano 2001
M. De Cervantes, Novelle esempları, Rizzoli, Milano, 1956
G. De Lisa, La caduta del Parini, E.Favillini, Livorno, 1932
F. De Sanctis, antologia critica sugli scrittori d'Italia, vol.III, Vallecchi,

D. Diderot, Il nipote di Rameau, Einaudi, Torino, 1984
D. Diderot, Giacomo il fatalista, Rizzoli, Milano, 1969
1932
M. Donà, Filosofia del vino, Bompiani tascabili, Milano, 2005
P Gozzi, In pieno 600: il tema del vino tra poesia e scienza, Vignevini, 6 (1979): 48-49
Moliere, Don Giovanni, Cappelli, Rocca San Casciano, 1957
Moliere, L'avaro, Rizzoli, Milano, 1951
Moliere, Tartufo. Misantropo, Garzanti, Milano, 1984
Moliere, Teatro, UTET, Torino, 1967
F. Mollia, Introduzione a Tommaso Campanella: la città del sole e altri scritti, Mondadori, Milano 1991
T. Moro, Utopia, Guida di Napoli, 1981
G. Parini, Il Giorno, R. Carabba, Lanciano-Roma, 1947
F. Redi, Bacco in Toscana e altre poesie, Graziosi, Venezia 1803.
F. Redi, Bacco in Toscana, Veronelli, Bergamo 1995.
V.L. Saulnier, Storia della letteratura francese, Einaudi, Torino, 1964
I. Siciliano, Teatro Francese, Nuova Accademia, Milano, 1959
S. Van Bath, Storia agraria dell'Europa occidentale, Einaudi, Torino, 1972
Voltaire, Dizionario Filosofico, Einaudi, Torino, 1971
Voltaire, Il bianco ed il nero, Rizzoli, Milano, 1965
F.A. Yates, Giordano Bruno e la tradizione ermetica, Editori Laterza, Roma-Bari, 2004

L'ETÀ CONTEMPORANEA: OTTO E NOVECENTO: IL VINO SCAPIGLIATO E ILLUSIONISTA

C. Annoni, Silone, Mursia, Milano, 1981
C. Baudelaire, I fiori del male, (trad. E. Auerbach), Feltrinelli, Milano, 1965
G.G. Belli, Sonetti, Mondadori, Milano 1990.
G. Carducci, Poesie, MDCCCL-MCM, Zanichelli, Bologna 1901.
E. De Amicis, Il Vino, Fratelli Treves editori, Milano, 1890
L. D'eramo, L'opera di Ignazio Silone, Mondadori, Milano, 1976
S. Di Giacomo., Poesie e prose, Mondadori, Milano 1977.
Dizionario dell'Opera, Baldini & Castoldi, Milano 1996.
Ghiotti, Buongustai, Digiunatori, Edizioni e/o, Roma, 1992
P. Gibellini, Il calamaio di Dioniso, Garzanti libri, Milano, 2001
M. Giuia, Storia della Chimica, Chiantore, Torino, 1946
P. Gozzi, L'enologia del tardo 700 tra scienza e poesia, Vignevini, 10 (1979): 76-77
G. Leopardi, Zibaldone di pensieri, Gli Oscar, Mondadori, Milano, 2009
G. Leopardi, I Canti, Soc. Editrice Rinascimento del Libro, Firenze, 1936-XIV
Libretti d'opera italiani, Mondadori, Milano 2000.
E. Lo Gatto, Pushkin, Mursia, Milano, 1959
A. Manzoni, I promessi sposi, La nuova Italia, Firenze 1986.
A. Manzoni, Opere Minori, A. Mondadori, Milano, 1929-30
O. Marffy, Palpiti del cuore magiaro, Paravia, Torino, 1937
M. Moretti, Emilio Praga, Tarchetti e Arrigo Boito, F.lli

Treves, Milano 1926
P. Neruda, Ode al vino, Passigli, Firenze Antella, 2002.
S. Petofi, Poemetti e liriche scelte, UTET, Torino, 1969
S. Petofi, Poesie, UTET, Torino, 1985
L. Pietrobono (a cura di), Poesie di Giovanni Pascoli, Mondadori, Milano 1932
Poesia in dialetto (La), Mondadori, Milano 1999
C. Porta, Poesie, Mondadori, Milano 2000
A.S. Pushkin, Poemi e Liriche, Einaudi, Torino, 1960
E. Remmert, L. Ragagnin, Elogio della sbronza consapevole, Marsilio, Venezia 2004
G. A. Roggerone, Oinosophia, Santoro, Lecce, 1986
F. Santilli e Melanton (a cura di) La tentazione comica, Art&Co, Tolentino, 2006
1. Silone, Vino e Pane, Mondadori, Milano, 1971
I. Silone, L'avventura di un povero cristiano, Mondadori, Milano, 1968
I. Silone, Fontamara, Mondadori, Milano, 1949
I. Silone, La volpe e le camelie, Mondadori, Milano, 1960
Trilussa, Tutte le poesie, Arnoldo Mondadori Editore, Milano 2004
F. Venturi, Le origini dell'Enciclopedia, Einaudi, Torino, 1963

Note

1. G. Mainardi - P. Berta, *Il vino nella storia e nella letteratura*, Edagricole, Bologna, 1991, pag. 7.
2. P.E. McGovern, *L'archeologo e l'uva*, Carrocci, Roma, 2006, pagg. 20 sgg.
3. P. E. McGovern, *op. cit.*, pag. 45.
4. Strabone, *Della Geografia*, tomo II, Convento d'Araceli, Roma, 1792, pag. 236.
5. Erodoto, *Le storie*, trad. L. Annibaletto, Mondadori, Milano, 1988.
6. Erodoto, *op.cit.*.
7. C. Wedel, *Scholia in Apollonium Rhodium Velerà*, Berlin, 1935.
8. F. M. Fales, *in L'Alba della Civiltà, Voi. Il, La produzione primaria*, Utet, Torino, 1976, pag. 198.
9. Ibidem.
10. M. Liverani, *in L'alba della Civiltà, voi. I, Il modo di produzione*, Utet, Torino, 1976, pag. 6.
11. P. E. McGovern, *op.cit.*, pag. 56.
12. F. M. Fales, *op. cit.*, pag. 197.
13. Ibidem.
14. F. M. Fales, *op.cit.*, pag. 51.
15. Ibidem.
16. Isaia,. 5.1.2.
17. Geremia, 48.33.
18. Isaia, 16,10.
19. F. M. Fales, *op. cit.*, pag. 203.

20. Cantico dei Cantici, 7.9.10.
21. F. M. Fales, *op.cit.*, pag. 199.
22. Ibidem.
23. F. M. Fales, *op. cit.*, pag. 199.
24. M. Liverani, *op. cit.*, pag. 18.
25. Euripide, *Le baccanti*, trad. E. Sanguineti, Teatro stabile di Genova, 1968, pag. 14.
26. Euripide, *op. cit.*, pag. 30.
27. Euripide, *Alcesti*, a cura di U. Albini, Garzanti, Milano, 1994, pag. 47.
28. Saffo, *ini Lirici Greci*, trad. F. M. Pontani, Giulio Enaudi, Torino, 1981, pag. 183.
29. Saffo, *op.cit.*, pag. 206.
30. Anacreonte, *in/Lirici Greci*, trad. F. M. Pontani, Einaudi, Torino, 1981, pag. 254.
31. Anacreonte, *op.cit.*, pag. 259.
32. Senofonte, *Simposio*, a cura di M. Vitali, Bompiani, Milano, 1993, pag. 159.
33. Asclepiade, *La prova*, in Antologia Palatina, voi. IV, Enaudi, Torino, 1981, pag. 71.
34. Meleagro, *Il rimedio*, in Antologia Palatina, voi. IV, Enaudi, Torino, 1981, pag. 29.
35. Aristofane, *I cavalieri*, a cura di G. Paduano, Rizzoli, Milano, 2009.
36. Anacreonte, *Conviviale*, in *Lirici Greci*, trad. M. Pontani, Enaudi, Torino, 1981, pag. 245.
37. Anacreonte, *Misura*, in *I Lirici Greci*, op. cit., pag. 248.
38. Anacreonte, *Mattinata*, in *I Lirici Greci*, op. cit., pag. 254.
39. Anacreonte, *Stile*, in *I Lirici Greci*, op. cit., pag. 256.
40. Senofane, *Testimonianze e frammenti*, a cura di M. Untersteiner, La nuova Italia, Firenze, 1967, pag. 98.

41. F. Andreoli, *Il nuovo Simonide, elegie storiche e simposiali*, Monte Università Parma, Parma, 2006.
42. Eubulo, *The fragments*, Edited with a Commentary, by R.L. Hunter, Cambridge UP, 1983.
43. Alceo, *Brindisi*, in *Lirici Greci*, trad. F. M. Pontani, Einaudi, Torino, 1981, pag. 218.
44. Alceo, *Fuge quaerere*, in *Lirici Greci*, op. cit., pag. 225.
45. Alceo, *Inverno*, in *Lirici Greci*, op. cit., pag. 227.
46. Alceo, *Il farmaco*, in *Lirici Greci*, op. cit., pag. 227.
47. Alceo, *Il vino*, in *Lirici Greci*, op. cit., pag. 228.
48. Alceo, *Estate*, ibidem.
49. E. Salza Prina Ricotti, *L'alimentazione ed il banchetto in epoca greca*, in *L'arcano convito*, Cultural publications of the Cassa di Risparmio di Verona, 1991.
50. E. Salza Prina Ricotti, *L'arte del convito nell'antica Grecia. L'evoluzione del gusto da Achille ad Alessandro Magno*, L'erma di Bretschneider, Roma, 2005.
51. Archiloco, *L'ispirazione*, in *Lirici Greci*, trad. F. M. Pontani, Einaudi, Torino, 1981, pag. 129.
52. Archiloco, *Per seguitar la gola oltre misura*, in *I Lirici Greci*, op. cit., pag. 130.
53. Archiloco, *Vigilia*, in *Lirici Greci*, op. cit., pag. 116.
54. Omero, *Odissea*, trad. I. Pindemonte, Rusconi, Santarcangelo di Romagna, 2005.
55. Omero, Iliade, trad. R. Calzecchi Onesti
56. Virgilio, Georgiche, trad. L. Canali, Rizzoli, Milano, 1994, pag. 209.
57. Orazio, Odi e Epodi, trad. E. Manduzzato, Rizzoli, Milano, 1994, pag. 123.
58. Ovidio, L'arte di Amare, trad. E. Barelli, Rizzoli, Milano, 1977, pag. 117.

59. Filippo di Tessalonica, Epigrammi, in Antologia Palatina, vol. Ili, Enaudi, Torino, 1980, pgg. 117-125.
60. Orazio, Le satire, trad. M. Ramous, Garzanti, Milano, 2007.
61. Giovenale, Le satire, a cura di L. Paolicchi, Salerno, Roma 1996.
62. Catullo, Le poesie, trad. M. Ramous, Garzanti, Milano, 1975, pag. 55.
63. Petronio, Satyricon, trad. E. Sanguinetti, Enaudi, Torino, 1993, pag. 37.
64. Properzio, Elegie, trad. G. Lipparini, Zanichelli, Bologna, 1991.
65. Properzio, ibidem
66. Properzio, op. cit., pag. 181.
67. Orazio, Le satire, trad. M. Ramous, Garzanti, Milano, 2007, pag. 165.
68. Orazio, op. cit. pag. 127
69. Virgilio, Eneide, trad. G. Albini, Zanichelli, Bologna, 1982, pagg. 55-56.
70. Cenni di storia del vino, in II Cantiniere, anno 1 n. 3, a cura di A. Costantini, Roma, 1993.
71.
[Link](www.taccuinistorici.it/news/moderna/personaggi)
72. Carmina Burana, a cura di P. Rossi, Bompiani, Milano 1994, pgg. 183 e sgg.
73. G. Mainardi - P. Berta, ibidem.
74. G. Mainardi - P. Berta, ibidem.
75. G. Mainardi - P. Berta, ibidem.
76. G. Mainardi - P. Berta, op. cit., pag. 77.
77. G. Mainardi - P. Berta, op. cit.

78. G. Caporali, I poeti del vino, Protagon, Colle Val d'Elsa, 2007, p. 96
79. G. Mainardi - P. Berta, op. cit., pag 80.
80. G. Caporali, op. cit., pag. 97.
81. G. Mainardi – P. Berta, op. cit., pag. 81
82. G. Mainardi – P. Berta, op. cit., pag. 82.
83. Ibidem.
84. Ibidem.
85. O. Khayyam, Quartine, a cura di A. Bausani, Einaudi, Torino, 2004.
86. I Hamdis, Antologia poetica, trad. A. Borruso, Tallone, Alpignano, 1993.
87. Poesie cinesi d'amore e di nostalgia, a cura di G. Mancuso, Newton Compton, Milano, 1995.
88. G. Caporali, I poeti del vino, Protagon, Colle Val d'Elsa, 2007, pag. 136.
89. L. de' Medici, Simposio, a cura di M. Martelli, Olschki, Firenze, 1966, pag. 142.
90. G. Caporali, op. cit., pag. 131
91. G. Caporali, op. cit., pag. 125.
92. Ibidem.
93. G. Caporali, op. cit., pag. 125
94. A. Poliziano, Fabula di Orfeo, in Orfeo, a cura di D. Puccini, Garzanti, Milano, 1992, pag. 12.
95. da: Giulio Caporali, op. cit., pag. 135
96. F. Villon, Ballate del tempo che se ne andò, a cura di R. Mussapi, Il saggatore, Milano, 2008, pag. 63.
97. F. Rabelais, Gargantua e Pantagruele, a cura di M. Bonfantini, Einaudi, Torino, 1993, pag. 852.
98. F. Bacone, Nuova Atlantide, trad, C. Carena, Silvio Berlusconi, Milano, 1996, pag. 17 e sgg.

99. W Rawley, Vita del nobilissimo Autore, in Nuova Atlantide, op. cit., pag. 311.
100. G. Mainardi - P. Berta, il vino nella storia e nella letteratura, Edagricole, Bologna, 1991, pgg. 114-121.
101. G. Di Napoli, T. Campanella, in Grande Antologia Filosofica, vol. VI, Marzorati, Milano, 1964, pag. 1430.
102. T. Campanella, La Città del Sole, trad. A. Balduzzi, Fabbri, Milano, 1998, pag. 31.
103. G. Chiabrera, Rime, Società tipografica dei classici italiani, Milano, 1808, vol. II, pag. 228.
104. M. de Cervantes, Don Chisciotte, cap. XLIV, trad. F. Carlesi, Mondadori, Milano, 1991.
105. [Link](www.bibliotecaitaliana.it/ Uuniversità degli studi di Roma La Sapienza)
106. ibidem
107. ibidem
108. G. Caporali, op. cit., pag. 141.
109. G. Caporali, op. cit., pag. 138
110. Ibidem, pag. 140
111. G. Mainardi - P. Berta, il vino nella storia e nella letteratura, Edagricole, Bologna, 1991, pag. 129
112. F. Redi, Bacco in Toscana, a cura di G. Binni, Cassa di Risparmio della Provincia di Mecerata, 1990
113. G. Mainardi - P. Berta, op. cit., pag. 131
114. G. Caporali, op. cit., pag. 150
115. G. Parini, Le Odi, a cura di D. Isella, Riccardo Ricciardi, Milano-Napoli, 1975, pag. 69..
116. G. Parini,, op. cit.., pag. 37
117. Opere di Giovanni Meli, trad. F. Cinardi, S. Di Marzo, Palermo, 1857.

118. G. Leopardi, Canti, Rinascimento del Libro, Firenze, 1936.
119. G. Leopardi, Zibaldone di pensieri, Mondadori, Milano, 1983.
120. G.G. Belli, Tutti i sonetti romaneschi, a cura di M. Teodonio, Newton Compton; Roma, 1998.
121. G.G. Belli, op. cit.
122. G.G. Belli, op. cit.
123. N. Sabbatucci, Opere di Giuseppe Giusti, Utet, Torino, 1983, pag. 230.
124. Cin Cin, a cura di D. Magrassi, Libro Auguri, Milano, 1992, pag. 9.
125. G. Mainardi - P. Berta, op. cit., pag. 142.
126. Cin Cin, a cura di D. Magrassi, Libro Auguri, Milano, 1992, pag. 16.
127. G. Caporali, op. cit., pag. 164.
128. Cin, a cura di D. Magrassi, Libro Auguri, Milano, 1992, pag. 16.
129. Caporali, op. cit., pag. 166.
130. G. Caporali, op. cit., pag. 160.
131. Ibidem, pag. 168.
132. A. Manzoni, I promessi sposi, Garzanti, 1966, pag. 71.
133. A. Manzoni, op. cit., pag. 198.
134. Memoria del vino, a cura di E. Rebecchi, Blu di Prussia, Piacenza, 1997, pag. 25.
135. Il tempo del vino, a cura di E. Rebecchi, Blu di Prussia, Piacenza, 1996, pag. 40.
136. Ibidem, pag. 42.
137. C. Baudelaire, I fiori del male e tutte le poesie, trad. C. Rendina, Newton Compton, Roma, 1988, pag. 199.
138. C. Baudelaire, op. cit. Pag. 201.

139. A. Rimbaud, Poesie, trad. L. Mazza, Fili Melita, La Spezia, 1986, pag, 181.
140. S. Mallarmé, Poesie, trad. L. Frezza, Feltrinelli, Milano, 1966, pag 95.
141. Ibidem, pag. 3.
142. Emilio Praga, Opere, Fulvio Rossi, Napoli, 1970, pag 149.
143. E. Praga, op. cit., pag. 141.
144. M. Arcangeli, La scapigliatura milanese e la poesia italiana tra Otto e Novecento, Aracne, Roma 2003.
145. G. Pascoli, Poesie, vol. II, Mondadori, Milano, 1968.
146. Ibidem.
147. G. Pascoli, op. cit..
148. Svevo, La coscienza di Zeno, Gruppo editoriale L'Espresso SpA, Milano, 2002.
149. Svevo, Il buon vecchio e la bella fanciulla, Newton, Roma, 1993, pag. 81.
150. D'Annunzio, Versi d'amore e di gloria, vol. I, Mondadori, Milano, 1968, pag. 485.
151. D'Annunzio, op. cit., vol. II, pag. 745.
152. Memoria del vino, a cura di E. Rebecchi, Blu di Prussia, Piacenza, 1997, pag. 31.
153. Ibidem, pag. 33.
154. Trilussa, Tutte le poesie, Mondadori, Milano, 2004.
155. G. Mainardi - P. Berta, Il vino nella storia e nella letteratura, Edagricole, Bologna, 1991, pag. 196.
156. C. Pavese, Le poesie, Einaudi, Milano, 1998, pag. 123.
157. F. Depero, Liriche radiofoniche, Morreale, Milano, 1934, pag. 11.
158. R. Alberti, Poesie, Newton Compton, Roma, 1977.
159. P. Neruda, Ode al vino in Ghiotti Buongustai Digiunatoti, e/o, Roma 1992, pag. 18.

160. Il Tempo del vino, a cura di E. Rebecchi, Blu di Prussia, Piacenza 1996, pag. 50

INDICE

Printed in Poland
by Amazon Fulfillment
Poland Sp. z o.o., Wrocław
22 November 2023

cf46985f-744c-40fd-8f15-ae8d2b678019R01